왜 서희는
외교 담판을
했을까?

15
역사공화국
한국사법정

교과서 속 역사 이야기, 법정에 서다

소손녕 vs 서희

왜 서희는 외교 담판을 했을까?

글 한정수 | 그림 이주한

|주|자음과모음

　지금으로부터 약 1000년 전인 10세기에서 11세기까지 동아시아는 고려, 송나라, 거란, 여진 등의 나라가 서로 경쟁하며 복잡하게 얽혀 있었습니다. 각각의 나라들은 자국의 이익을 위해 때로는 이웃 나라와 친하게 지내고 때로는 서로를 멀리하면서 힘을 키워 갔습니다. 나라들 간의 팽팽한 긴장이 끊어져 버리면 언제 전쟁이 일어날지 모르는 아슬아슬한 상황이었습니다. 절대 강자가 없던 때였지요. 고려는 이런 경쟁 체제 속에서 가장 오랫동안 왕조를 유지했습니다. 군사적인 면이나 땅의 크기로는 가장 약해 보이던 나라였는데도 말이지요. 과연 고려는 어떻게 이 상황을 헤쳐 나가며 오랫동안 왕조를 유지할 수 있었을까요?

　일단 당시 동아시아를 주름잡던 네 나라에 대해 간단히 알아보겠습니다.

거란은 당나라 문화의 영향을 받은 야율아보기라는 인물이 세운 나라입니다. 유목 민족인 그는 막강한 군사력을 기반으로 삼으면서 중국을 문화의 모범으로 여겼고, 거란 문자를 만들었습니다. 그리고 10세기에서 12세기까지 고려와 송나라와의 경쟁에서 승리하며 당시 동아시아 세계를 지배하는 바탕을 마련했습니다. 북방 유목 민족으로서는 처음으로 동아시아 전체에 강력한 영향력과 지배력을 행사하는 왕조를 탄생시킨 것이지요.

한편, 당시 중국의 혼란기를 수습한 송나라는 당나라의 전통을 이었습니다. 그리고 잃어버린 땅을 되찾고 명예를 회복하려 했지요. 하지만 송나라는 거란과의 전쟁에서 계속 졌고, 결국 거란에 막대한 물품을 매년 바쳐야 했습니다. 늘 거란에 복수할 기회를 노리며 고려와 힘을 합쳐 보려고도 했었지만 그것마저도 실패로 돌아갔지요. 송나라는 고려의 만류에도 불구하고 기울어져 가는 거란을 치기 위해 여진과 손을 잡기도 했어요. 하지만 결과적으로 세력이 약해져서 수도를 옮기며 남송이라 칭하게 되었지요.

여진은 발해가 거란에 의해 멸망한 이후 요동 및 만주, 한반도 북부 지역에 흩어져 있었습니다. 이들은 때로 거란에 저항하였고 일부는 고려에 항복하면서 동시에 노략질을 하는 등 이랬다저랬다 하는 모습을 보였지요. 동시에 세 나라의 세력 경쟁을 교묘히 조장하고 전략적으로 사이를 갈라놓기도 해서 나중에는 결국 거란을 내쫓고 그 자리에 들어서게 됩니다.

고려는 후삼국을 통일한 이후에 거란과 여진의 한반도 진출을 막으면서 동시에 북진 정책을 펼쳤답니다. 북진 정책이란 한반도 북쪽 방향으로 세력을 넓히며 올라가는 것을 말합니다. 그래서 고려는 현재의 북한과 중국의 국경선이 되는 압록강 유역까지 영토를 넓히면서 새로운 강대국으로 떠올랐지요. 하지만 곧 북쪽 지역의 거란과 여진의 벽에 부딪히고 말았습니다. 그래서 고려는 일단 숨을 고르며 훗날을 대비해 성을 쌓고 군대를 설치했지요.

　이러던 참에 고려를 향한 송나라의 적극적인 구애 작전이 시작되었습니다. 여러 나라들 틈에서 혼자서만 평화롭게 지내기는 쉽지 않았던 때였으니 고려도 누구와 힘을 합칠지를 선택해야 했지요. 그래서 고려는 송나라와 친하게 지내 오던 전통도 생각해서 송나라와 군사적으로 힘을 합치기로 결정합니다. 하지만 점차 가까워지는 고려와 송나라의 관계는 거란에게 눈엣가시가 되었답니다.

　바로 이 시점에서 고려는 거란의 침략을 받습니다. 거란의 의도는 분명했습니다. 고려와 여진을 꼼짝 못하게 묶어 놓고 송나라와의 한판 승부에 집중하겠다는 것이었습니다. 이때 고려의 외교가인 서희가 선택한 것은 고려의 자존심과 미래를 지키는 일이었습니다. 서희는 고려가 고구려의 역사를 계승했다는 정통성을 내세워 고구려의 옛 땅에 들어온 여진을 몰아내기로 합니다. 그래서 거란과 합의하여 압록강 동쪽 지역에 여진을 물리치기 위한 발판을 마련해 놓았지요. 그렇게 얻은 곳이 '강동 6주'로 현재 북한의 평안북도에 위치하고 있습니다. 서희는 그곳이 요동과 한반도를 잇는 전략적 요충지임을 알아봤던 것이지요. 나중에야 이 지역의 중요성을 알아차린 거란은 이점을 아쉬워하며 이곳을 되돌려 달라고 고려에 압력을 넣고 침입하기도 했습니다.

물론 강동 6주를 얻은 대가로 고려가 치러야 할 손해도 있었습니다. 고려가 거란을 섬기며 조공을 바치기로 한 것과, 앞으로 송나라와의 교류를 끊기로 약속한 일이었습니다. 또한 압록강 너머로 진출할 수 없게 되었고 거란의 연호를 써야 했습니다. 고려와 거란 사이의 정략결혼이 추진되기도 했습니다. 하지만 고려는 겉으로는 거란을 섬기는 사대 질서를 따르기로 하면서도 왕이 직접 나서서 항복한 적이 없었습니다. 그것만큼은 고려 왕조의 마지막 자존심이라 여긴 것입니다.

이 글에서는 특별히 당시 거란 측 장군인 '소손녕'을 원고로, 고려의 영웅 '서희'를 피고로 내세웠습니다. 거란이 고려를 침략한 의도를 좀 더 분명하게 드러내고, 당시 고려 조정의 혼란과 서희의 활약을 객관적으로 보기 위해서입니다. 원고 소손녕은 고려 및 후대의 역사가들이 자신에게 내린 평가를 바로잡고 동시에 거란이 어떤 나라였는지를 충분히 알리고자 노력합니다. 등장인물의 이야기와 관련 변호인의 치열한 변론을 통해 독자들이 당시의 국제 정세를 잘 이해하고, 각 나라들이 현실적 차원에서 서로 유리한 입장과 이득을 취했음을 알 수 있도록 꾸며 보았습니다. 나아가 총성 없는 전쟁이라 불리는 외교의 장에서 국익과 자존을 지키기 위해 선조들이 어떠한 노력을 펼쳤는지 독자 여러분이 이해할 수 있기를 바랍니다.

 자, 그럼 이제 1000년 전에 펼쳐진 고려와 거란의 치열한 외교 담판 속으로 한번 뛰어들어 가 볼까요?

한정수

차례

송과 거란은 중국 대륙의 패권을 둘러싸고 대치하고 있었다. 거란은 고려가 송과 연합하는 것을 경계하였으며, 송은 거란을 견제하기 위해 고려와 관계 개선을 꾀하였다.

거란이 1차로 침입했을 때, 고려 조정 내에서는 서경 이북의 땅을 거란에 주고 화평을 맺자는 의견도 있었다. 그러나 서희는 거란의 장수 소손녕과 담판을 벌여 거란의 군대를 물러가게 하였다.

10~14세기 동아시아는 농경 민족인 고려, 송과 북방 유목 민족인 거란, 여진, 몽골이 대결하는 형국이었다. 고려는 북방 민족과 맞서기도 하고 화친하기도 하였다.

고등학교	한국사	Ⅱ. 고려와 조선의 성립과 발전 　1. 민족을 재통일하여 발전한 고려 　　(4) 고려와 이웃 나라들
		Ⅱ. 고려와 조선의 성립과 발전 　1. 민족을 재통일하여 발전한 고려 　　(4) 고려와 이웃 나라들 　　　– 거란 · 여진과의 대결

송과 대치하던 거란은 고려를 경계하였고, 거란은 10세기 말부터 여러 차례 고려를 침입하였다. 1차 침입 때 서희가 외교 담판을 벌여 송과 관계를 단절하겠다는 약속을 내세워 강동 6주를 차지하였다.

612년	을지문덕, 살수대첩에서 승리
632년	신라, 선덕 여왕 즉위
642년	백제 의자왕, 신라 공격 고구려, 연개소문이 정변을 일으킴

676년	신라, 삼국 통일
900년	견훤, 후백제 건국
901년	궁예, 후고구려 건국
918년	왕건, 고려 건국

926년	발해 멸망
935년	신라 멸망
936년	고려, 후삼국 통일
993년	거란, 고려 1차 침입
	서희, 거란과 외교 담판

1009년	거란, 고려 2차 침입
1014년	거란, 고려 3차 침입
1019년	귀주대첩

618년 수나라 멸망, 당나라 건국

645년 당태종, 고구려 침입
일본, 다이카 개신

649년 당나라, 고종 즉위

661년 이슬람, 옴미아드 왕조 성립

690년 당나라, 측천무후 즉위

712년 당나라, 현종 즉위

907년 당나라 멸망

916년 거란 건국

946년 거란, 국호를 요라 함

960년 송나라 건국

993년 거란, 고려 침입

1037년 셀주크투르크 제국 건국

원고 **소손녕(?년~?년)**

흠흠, 나로 말할 것 같으면 거란 임금의 사위이며, 고려와의 전쟁을 지휘한 거란의 명장군이오. 서희의 말솜씨에 넘어가 강동 6주를 양보했지만, 내가 마음만 달리 먹었어도 고려는 훅 하고 날아갔을 거요.

원고 측 변호사 **김딴지**

거란의 장군 소손녕이 고려의 후예인 저에게 의뢰를 해 왔을 때, 조금은 당황스러웠지요. 하지만 국적을 떠나서 그의 말에도 귀 기울여 볼 필요가 있다는 생각이 들었습니다. 서희와의 외교 담판에서 어떤 일이 있었는지 한번 살펴보도록 하지요.

승천 황태후

나는 거란의 황태후요. 송나라의 태종은 나의 조카가 된다네. 내가 남자로만 태어났어도 눈부신 업적을 남겼을 텐데. 아무튼 나의 카리스마가 어떠했는지 기대해 보도록!

대충성 (가상의 인물)

나는 발해 왕족의 후손이자 거란의 장군인 대충성이오. 발해의 도움 없이도 순전히 내 능력으로 거란에서 장군의 자리까지 올랐지요. 가까이서 모셨던 소손녕 장군은 정말 그릇이 큰 인물이었음을 밝히려 합니다.

토하 (가상의 인물)

고려인들은 정말 소손녕 장군에게 감사해야 합니다. 나는 장군에게 고려를 초토화시키자고 여러 번 건의했지만 마음이 넓은 장군은 내 말을 듣지 않았지요.

피고 서희(942년~998년)

나, 서희는 한국사에 길이 남을 명외교관으로, 경기도 이천에서 태어났지요. 강대국의 틈바구니 속에서 우리 고려가 어떻게 하면 피 한 방울 흘리지 않고 이득을 챙길 수 있을까 늘 고민했지요. 거란과의 협상을 나처럼 잘할 사람이 또 있었을까요? 허허.

피고 측 변호사 이대로

나는 역사공화국의 명변호사 이대로랍니다. 서희가 얼마나 멋진 외교술로 고려를 지켜 냈는지 나, 이대로 변호사가 낱낱이 밝혀 주겠습니다. 한번 믿어 보세요! '외교 하면 서희, 변호 하면 이대로' 아니겠어요?

피고 측 증인 **유성룡**

에헴, 물론 난 조선 시대 선조 때 재상을 지냈던 인물이라오. 그러나 국제 외교사를 연구하려면 아직도 나의 도움이 필요할 거요. 특히 후세인들은 지나간 역사의 모든 면을 공부하고 연구를 많이 한다오. 그러니 국제 관계와 외교, 전쟁에 대해서는 뭐든 물어보길 바라오.

피고 측 증인 **소장군 (가상의 인물)**

난 거란국 소손녕 장군의 비서요. 내가 증인으로 나선 걸 알면 소손녕 장군께서 무척 화를 내실 터지만……. 어쩔 수 없는 일이지요. 역사의 증인으로 사실만을 말할 거예요.

피고 측 증인 **대도수 (가상의 인물)**

나의 성만 보면 발해와 관련이 있어 보이죠? 나는 1차 고려-거란 전쟁에서 가장 큰 전환기라 할 안융진 싸움을 지휘했어요. 시간만 더 있었어도 소손녕을 묵사발 냈을 텐데, 아까워라.

"가만, 서희의 외교 담판이
아직 끝난 게 아니었군?"

    화창한 어느 가을날. 김딴지 변호사는 저 멀리 외국에서 날아온 의뢰인을 만나러 그가 머물고 있다는 한 호텔로 찾아갔다. 의뢰인은 다름 아닌 지금으로부터 1000년도 더 전에 살았던 거란의 장수 소손녕!

    '소손녕이라…….'

    의뢰인의 이름이 자꾸만 김딴지 변호사의 입 안에서 맴돌았다.

    '소손녕이라면 고려를 치려다 서희와의 외교 담판으로 물러났던 거란의 장군이잖아? 그런 그가 이제 와서 할 말이 있다고?'

    이런저런 생각을 하며 산책길을 지나 호텔 로비로 들어가려는데, 저 멀리서 김딴지 변호사를 반기는 낯선 남자가 눈에 들어왔다.

    '저 사람이 소손녕일까?'

    가운데 머리는 밀고 양쪽 머리만 남긴 채 뒷머리는 땋아서 길게 늘어뜨린 남자가 김딴지 변호사에게 가까이 다가오며 인사를 건넸다.

"안녕하십니까? 나는 거란 황실의 사위이자 고려와의 전쟁을 지휘했던 거란의 장수인 소손녕 장군입니다."

"아, 네, 잘 알고 있습니다. 저도 깊은 관심을 가지고 자료를 검토해 봤습니다. 국제적 관점에서 봤을 때 잘못된 역사를 바로잡고 또 명예를 회복하기 위해 저한테 의뢰하신 것이죠? 제가 비슷한 사건들을 맡아 재판에서 이긴 적이 있습니다. 이번 사건도 저만 믿으시면 됩니다."

"네, 고맙습니다. 이번 재판은 아무래도 역사 왜곡 문제, 영토 문

에헴~ 거란산 특급 마차로 모시겠습니다. 꼭 재판에서 이겨 주십시오.

제, 정통성 문제가 얽혀 있어서 역사공화국 시민들의 관심이 매우 큽니다. 이미 방송국에서도 서로 취재하려고 난리들이죠. 방청석 신청은 이미 며칠 전에 마감되기도 했답니다. 또 한국사법정 밖에는 혹시 돌발 사태가 일어날까 봐 경찰들도 불러 놓았다니까요. 어쨌든 좀 쉬시고, 잠시 후 내 특급 마차로 법정까지 모시겠습니다. 허허."

"야, 이거 긴장되는데요. 그래도 이길 자신이 있습니다. 보나 마나 피고 측은 우리들을 빛내 주는 조연에 불과할 테니까요. 하하하. 그럼, 좀 이따 보도록 하지요."

같은 날 아침, 피고 서희 측의 변호를 맡은 이대로 변호사도 재판을 준비하느라 정신없이 오고 갔다. 소손녕 대 서희의 이번 재판은 거란과 고려 사이의 영토 문제뿐 아니라 두 나라의 명예가 얽혀 있어 살펴봐야 할 자료가 한둘이 아니었다. 그래서 한국의 역사에 대해서라면 누구보다도 자신 있어 하던 이대로 변호사도 긴장을 잠시도 늦출 수 없었다.

"그래도 내가 누구겠어? 바로 역사에 대한 해박한 지식과 의뢰인에 대한 책임감이 넘치는 이대로 변호사 아니겠어? 나야말로 역사공화국의 떠오르는 별이지."

이대로 변호사는 이번에도 한국사법정에서 정의로운 판결을 이끌겠다고 다짐하며 사무실을 나섰다.

고려와 동북아시아

왕건이 고려를 세울 무렵인 10세기 초, 중국 대륙에도 많은 변화가
있었습니다. 크고 작은 나라들이 서로 세력을 다투어 일어났기 때문이
지요. 특히 중국의 랴오허 강 일대의 유목 민족인 거란은 '요'라는 나라
를 세워 세력을 점점 키워 나가고 있었습니다. 거란에게 고구려의 장수
였던 대조영이 세운 발해도 멸망당하고 맙니다. 그리고 중국 대륙에는
'송'나라가 건국되어 대륙을 통일해 나가고 있었기 때문에 고려는 점점
세력을 뻗쳐 오는 거란과의 충돌을 피할 수가 없었지요.

당시 고려는 거란과는 친하게 지내지 않았습니다. 중국의 여러 나라
와는 가까이했지만 발해를 멸망시킨 거란과는 화친을 하지 않았지요.
그래서 거란은 고려가 늘 눈엣가시였습니다. 중국 대륙을 놓고 송과의
한판 전쟁을 벌이려고 해도 고려가 송을 도울까 봐 내심 걱정이 되었
기 때문입니다. 그만큼 고려가 만만한 상대가 아니었던 거지요.

결국 거란은 고려를 치기로 결정을 내립니다. 성종 12년인 993년,
거란의 장수인 소손녕이 80만 대군을 이끌고 고려를 침입합니다. 이를
'거란의 1차 침입'이라고 부르지요. 이러한 거란의 침입에 고려 조정
내부에서는 전쟁과 피해를 두려워하여 화친을 맺자는 의견이 많았습

니다. 서경(지금의 평양) 이북의 땅을 떼어 주고 거란과 친하게 지내자는 의견이었지요. 하지만 서희는 이를 반대하였습니다. 중국에 사신으로 다녀온 적이 있어 국제 정세를 파악하고 있었던 서희는 고려와 송의 관계를 끊기 위해 거란이 공격해 왔음을 알고 있었기 때문입니다.

거란의 진영으로 찾아간 서희는 거란의 장수인 소손녕과 협상을 하기 시작합니다. 소손녕은 고구려의 땅이 본래 자신들의 것이라며 땅을 내놓으라고 합니다. 이에 서희는 고려가 고구려의 후예라며 거란의 요구를 거부하지요. 뿐만 아니라 거란족이 고려를 치기 위해 오면서 여진으로부터 빼앗은 강동 6주(압록강 동쪽에 위치한 지역)를 넘겨받기까지 하였답니다.

그 후로도 거란은 몇 차례에 걸쳐 고려를 침입했습니다.

| 원고 | 소손녕 | 대리인 | 김딴지 변호사 |
| 피고 | 서희 | 대리인 | 이대로 변호사 |

청구 내용

고려는 건국 초부터 우리 거란이 발해를 멸망시켰다는 점, 그로 인해 고려가 여진족의 압력을 더 많이 받게 되었다는 점을 들어 우리 거란을 원수로 여겼습니다. 그리고 우리가 압록강을 넘어 한반도를 위협한다며 오히려 먼저 공격을 준비하기도 했습니다. 또한 우리 거란을 야만의 나라라고 무시하며 친교를 맺지도 않았습니다.

한국의 역사서를 보면 고려와 거란의 전쟁이 우리의 일방적인 정복욕에 의해 이루어졌으며, 거란은 고구려를 전혀 계승하지 않았다고 말하고 있습니다. 게다가 고려 측의 책임은 하나도 없고 거란에 의해 고려가 일방적으로 피해를 당했다는 식입니다.

그리고 역사서에는 우리 거란이 고려와 전쟁을 치르던 당시 나, 소손녕이 고려의 서희와 담판을 벌였던 것에 대해서도 서희만을 뛰어난 전략가로 칭송하고 있습니다. 반면 나, 소손녕은 가만히 앉아서 강동 6주를 빼앗긴 협상의 실패자이자 못난 장수로 비난하고 있지요.

하지만 이는 명백히 사실과 다릅니다. 당시 거란과 고려의 전쟁은 결코 고려 측의 주장처럼 우리 거란의 일방적인 침략이 아니었습니다. 그리고 거란 역시 고구려의 정통을 계승한 나라임을 이번 소송을 통해 밝히고자 합니다. 또한 협상은 결코 서희의 주장대로 고려의 요구가 일방적으로 받아들여져 이루어진 것이 아님을 밝히고자 합니다.

나는 무능하고 실패한 지휘관이 아닙니다. 따라서 나, 소손녕은 서희와 그 후손들에게 거란과 나에 대해 잘못된 인식을 퍼뜨려 명예를 손상시킨 데 대한 정신적 손해배상을 청구하고, 우리 거란의 역사를 바르게 알아줄 것을 요구하고자 합니다.

입증 자료

- 중학교 역사 교과서
- 고등학교 한국사 교과서
  그 외 자료 추후 제출하겠음.

위 청구인 소손녕
역사공화국 한국사법정 귀중

고려는 거란과
어떤 사이였을까?

1. 고려는 왜 거란과 사이가 나빴을까?
2. 당시 고려의 바깥 상황은 어땠을까?

1

고려는 왜 거란과
사이가 나빴을까?

땡! 땡! 땡!

역사공화국 한국사법정의 커다란 벽시계가 재판이 시작했음을
알렸다. 법정 앞은 역사 재판을 구경하러 나온 사람들로 북적였다.
드나드는 방송국 차량과 기자들을 살펴보니 중국, 일본, 심지어 북
한과 러시아에서도 찾아온 듯했다.

"1000년 전에 외교 담판을 벌였던 거란과 고려의 소송이라고?"

"아니, 그럼 재판은 어느 나라 말로 하는 거야? 호호호."

"그나저나 거란이면 유목 민족 아니야? 어떤 모습으로 등장할지
기대되네!"

"거란의 장군 소손녕이 고려의 명외교관 서희를 고소했다니, 살
아생전 서희와의 담판에서 못다 한 말이 많았나 봐."

아직 재판이 시작하지도 않았는데 방청석은 흥분으로 가득 찼다. 그때 판사와 변호인, 원고와 피고가 재판정 안으로 들어왔고 방청석은 일순간 조용해졌다. 두꺼운 고려 역사책과 서류 뭉치를 가슴에 품은 김딴지 변호사와 이대로 변호사는 벌써부터 서로를 견제하듯 날카로운 눈빛을 주고받았다.

판사   자, 모두 조용히 해 주세요. 이제 재판을 시작하겠습니다. 원고와 피고, 그리고 변호인단, 증인들은 모두 자리해 주셨죠?

동북아시아
동북아시아는 아시아의 동쪽과 북쪽 지역을 이르는 말입니다. 대한민국과 중국, 일본 등이 동북아시아에 속하지요.

김딴지 변호사　　네!

이대로 변호사　　네, 물론입니다.

판사　　좋습니다. 오늘 재판은 지금으로부터 약 1000년 전, 고려 시대에 있었던 거란과 고려의 갈등이 주요 배경입니다. 당시 고려와의 전쟁을 지휘했던 거란의 소손녕 장군이 고려의 서희를 상대로 이번 재판을 신청했습니다. 자, 그럼 본격적으로 시작해 볼까요? 우선 원고 소손녕 측의 고소 이유를 들어 보겠습니다. 원고 측 김딴지 변호인, 준비됐습니까?

김딴지 변호사　　네, 판사님. 거란과 고려의 대결이라고도 볼 수 있는 이번 재판은 10세기 **동북아시아**의 진정한 승자는 과연 누구였는가에 중점을 두고 보셔도 될 것 같습니다. ▶태조 왕건이 918년에 건국한 고려는 옛 고구려 땅을 차지하고 있던 북방 민족인 거란을 못마땅하게 생각하고 있었습니다. 고려는 가까운 거란과는 교류하지 않으면서 오히려 멀리 있는 송나라를 모범으로 삼고 예를 갖추었지요. 그뿐만이 아니라 고려는 거란을 야만의 나라라고 하며 업신여기기까지 했습니다. 그리고 거란을 전쟁만 일삼는 잔인한 나라로 묘사했지요. 이에 거란의 장군 소손녕은 거란이 아무 이유 없이 고려에 쳐들어간 것이 아니었으며, 피고 서희와의 외교 담판에서 서희만 활약한 것은 아니었다는 것을 밝히기 위해 이번 소송을 제기했습니다. 그리고 거란 역시 고구려를 계승한 나라임을 알리려는 목적도 있고요. 부디 공명정대한 판사님의 현명한 판결이 내려지기를 바랍니다. 이상입니다.

교과서에는

▶ 고려는 거란이 발해를 멸망시켰을 뿐만 아니라, 문화적으로도 야만의 나라로 여겨 친교를 맺지 않았답니다.

판사　잘 알겠습니다. 정리해 보면 이번 사건은 10세기 말 동북아시아의 고려와 거란, 그리고 송나라의 운명을 결정지었던 제1차 여요 전쟁의 진실을 밝히고 거란의 명예를 회복하자는 것이군요. 그럼 이번 재판의 두 주인공, 원고 소손녕과 피고 서희의 간단한 자기소개가 있겠습니다. 원고 먼저 앞으로 나와 주시지요.

"앗, 이제 거란의 소손녕 장군이 나오는 거야?"

"뭐라고 말하는지 한번 좀 들어 보자고. 유목 민족이었으니 목소리도 우렁차겠지?"

재판정이 다시 소란스러워졌다. 김딴지 변호사가 소송 이유를 밝히자 긴장된 표정을 짓던 소손녕은 부리부리한 눈을 치켜뜨며 자리에서 일어났다. 판사가 진술을 허락하자 소손녕은 헛기침을 하고는 목소리를 가다듬고 성큼성큼 앞으로 나왔다.

소손녕　판사님, 그러니까 나로 말할 것 같으면, 거란국 황제의 사위로 매우 귀한 신분이라오. 내 입으로 이런 말을 하기가 좀 쑥스럽소만, 당시 우리 거란이 주변의 난다 긴다 하는 나라들을 위협할 수 있었던 건 다 내가 용감한 장군이었기 때문이죠. 후훗.

김딴지 변호사는 소손녕에게 얼른 자기소개를 끝내라는 듯 살짝 눈치를 주었다.

소손녕   아무튼 우리 황실은 야율씨와 소씨가 지배하고 있었다오. 야율씨는 황제를 배출하였고, 우리 소씨는 황후 혹은 황족의 사돈이 되었소. 나는 우리 거란에서 군사적으로 가장 중요하게 생각하는 지역을 담당하는 동경유수직을 맡았소. 황제는 나에게 발해나 여진, 그리고 고려 등의 정세에 대해 수시로 확인했다오. 그런데 고려가 우리 거란에는 계속 강경한 입장을 보이면서 송나라와는 친교를 맺는 것이 너무 얄밉고 거슬렸소. 그래서 결국 고려를 칠 수밖에 없었지요. 그때가 993년이었소.

김딴지 변호사   이것이 거란과 고려의 1차 전쟁이었지요?

소손녕   그렇지요. 그 전쟁을 용감하게 지휘한 게 나, 소손녕이오. 흠흠, 오늘 피고로 나온 서희와 외교 담판을 벌인 것도 바로 그때였지요. 그때 내가 서희에게 깜빡 속아 거란의 땅을 내준 걸 생각하면 아직도 분해서 잠이 다 안 온다오.

판사   네, 그러면 이번에는 피고 서희의 자기소개가 있겠습니다. 피고, 시작해 주세요.

서희   안녕하십니까. 역사공화국에 온 이후 이렇게 여러 사람 앞에 내 모습을 드러내는 건 처음인 것 같군요. 나는 거란의 소손녕을 뛰어난 외교술과 논리적인 말솜씨로 물리친 서희라고 합니다. 피 한 방울 흘리지 않고 우리 땅에 쳐들어온 적군을 내보냈다고 후대의 칭송이 자자하더군요. 들자 하니 지상 세계에서는 내 이름이 국사 교과서에도 여러 번 등장한다면서요? 여기 역사공화국에 와서까지 거란의 소손녕 장군과 또 입씨름을 벌이는 게 껄끄럽긴 하지만, 우리 고려의 활약상을 더 널리 알리는 것도 의미 있을 것 같아 이 자리에 섰습니다.

김딴지 변호사　이의 있습니다, 판사님! 피고는 지금 자기 소개는 하지 않고 본인의 명성에 취해 재판의 흐름을 방해하고 있습니다!

판사　받아들입니다. 피고는 본인 소개에 중점을 두고 이어서 진술해 주십시오.

서희　흠, 나는 경기도 이천에서 태어났고, 꼿꼿하기로 유명한 **내의령** 서필의 아들입니다. 나는 일찍이 과거에 합격해 광종의 총애를 한 몸에 받았습니다. 그러던 중 993년에 거란이 우리 고려에 쳐들어왔을 때, 나는 용감하고 당당하게 적군의 심장으로 찾아 들어갔지요. 거란이 고려를 침입한 것이 정당하지 못하다는 것을 조목조목 따지고, 거란을 물리치기 위해서였습니다. 그때 나를 상대했던 사람이 저기 앉아 있는 원고, 소손녕 장군입니다. 그때 원고가 나의 유창한 말솜씨에 기가 질려 얼굴이 하얘지던 모습이 아직도 생생하군요, 허허. 나는 거란을 물러나게 했을 뿐만 아니라 고려에 매우 중요한 지역인 **강동 6주**를 얻어 내는 성과까지 이루었습니다. 이상입니다.

판사　잘 들었습니다. 그러면 양측 변호인의 변론으로 넘어가 볼까요? 원고 측에서 먼저 시작하십시오.

김딴지 변호사　네, 판사님. 제가 원고를 먼저 신문하겠습니다. 원고, 이 자리에 고려에 대해 아는 사람은 많습니다만 원고의 나라 거

내의령
고려 시대에 임금의 명령을 문서로 꾸미던 관아인 내의성에서 가장 높았던 벼슬이지요.

강동 6주
강동 6주란, 당시 흥화진, 용주, 철주, 통주, 곽주, 귀주로 현재 북한의 평안북도 서쪽의 평야 지대입니다.

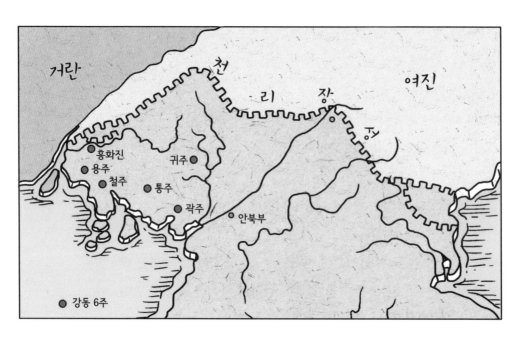

유목 민족

유목 민족이란 중앙아시아나 아프리카의 초원 지대에서 목초지를 따라 가축을 데리고 이동을 하며 사는 민족을 뜻합니다.

란에 대해서는 모르는 사람이 대부분입니다. 이번 재판의 이해를 돕기 위해 원고의 나라, 거란에 대해 간단히 알려 주십시오.

소손녕   그럽시다. 그거 뭐 어렵겠소? 우리 거란은 원래 몽골 족의 한 갈래로, 몽골의 높은 지대에서 생활한 유목 민족이오. 거란은 압록강 동쪽과 남쪽을 제외한 고구려의 옛 영토를 포함한 땅에서 일어났다오. 그리고 916년, 야율아보기라는 우리 선조가 북방의 여러 민족을 통합해 스스로 황제가 되어 거란을 세웠소.

김딴지 변호사   그런데 원고, 당시 중국 땅에서는 당나라가 무너지고 5대 10국이라는 혼돈의 시대가 찾아오지 않았습니까? 그 혼돈의 틈 속에서 거란이 일어나 그렇게 성장했다니, 놀라운데요?

소손녕   그렇소. 쉽지 않은 길이었다오. 하지만 북방의 초원을 주름잡던 우리 유목 민족의 기상이 어디 다른 나라에 비할 바 있었겠소? 허허허. 자고로 세상이 혼란스러울 때에는 이웃 나라를 잘 살피며 머리를 써서 행동해야 하는 법이라오. 이 점이야 뭐, 고려든 송나라든 다들 마찬가지였을 거요.

김딴지 변호사   야율아보기는 중국 지역이 혼란해진 국제 정세를 영리하게 이용한 전략가였던 셈이군요?

소손녕   맞소. 그는 혼란스럽던 시대의 영웅이었다오. 거란의 군사를 강하게 키우는 한편, 당나라의 문화와 물품을 받아들이며 공자의 묘를 세우는 등 중국을 모방하는 정책을 추진했고, 성공을 거두었지요. 또 거란 문자를 만들기도 하였으니 거란의 세종 대왕이라고나 할까?

김딴지 변호사   거란은 야율아보기라는 뛰어난 영웅에 의해 탄생한 나라였군요.

소손녕   그렇소. 앞서 말했듯이 야율아보기는 916년에 나라를 세우며 이름을 '대거란국'이라 정했소. 고려가 건국된 건 그보다 2년 뒤인 918년이었으니, 우리 거란보다 출발이 늦은 셈이었지! 고려야 뭐, 말이 건국이지 사실은 왕건이 섬기던 군주인 궁예를 내쫓고 쿠데타를 일으킨 거 아닙니까? 듣자 하니 궁예는 왕건에게 당한 것이

5대 10국
당나라가 멸망한 907년부터 이후 송나라가 건국된 960년까지, 다섯 개의 왕조와 열 개의 지방 정권이 흥망을 거듭했던 혼란스러운 시대입니다.

쿠데타
나라의 일부 세력이 무력이나 비합법적인 수단으로 은밀하고 기습적인 방법으로 통치자를 제거한 뒤, 새로운 정권을 잡는 것을 뜻합니다.

연운 16주

936년, 5대 10국 중의 하나인 후진이 후당을 멸망시킬 때 거란의 도움을 받았는데, 이때 거란이 그 대가로 후진으로부터 넘겨받은 땅이 연운 16주입니다.

조공

힘이 약한 나라가 강한 나라를 섬기며 예물을 바치던 것을 조공이라 합니다. 혹은 그 예물을 뜻하기도 하지요.

원통해 아직도 패자의 마을에서 한쪽 눈으로 펑펑 울고 있다고 들었소. 쯧쯧.

이대로 변호사 이의 있습니다, 판사님! 원고는 개인적인 감정을 실어 피고의 나라 고려를 의도적으로 깎아내리고 있습니다! 이 점, 제지해 주십시오.

판사 받아들입니다. 원고는 신성한 법정에서 객관적인 사실만 진술해 주기를 바랍니다.

소손녕 흠, 어쨌거나 거란은 북방 민족을 대표하여 중국을 정복하고자 했지요. 그리하여 현재의 베이징 주변 지역인 연운 16주를 차지하면서 북방 민족이 중심이 된 정복 국가 시대를 열었소. 이후 거란국에서 '요'로 나라 이름을 바꿨는데, 그게 947년의 일이었지요. 우리 거란은 끊임없이 성장을 거듭해 1000년을 전후해서는 고려에 매우 위협적인 존재가 되었지요.

판사 잘 알겠습니다. 그렇게 건국된 거란은 이웃 나라 고려를 어떻게 생각했나요? 거란과 고려의 관계에 대해 설명해 주시지요.

김딴지 변호사 판사님, 그 부분은 제가 말씀드리겠습니다. 거란은 사실 고려에 큰 관심을 두지 않았습니다. 그래도 고려에 대해 나름대로 국가로서의 예를 갖추려고는 했었지요. 그래서 거란은 922년 2월, 사신을 통해 낙타와 선물을 보낸 적이 있었습니다. 그 후 고려는 925년 10월에 거란에 조공을 하기도 했지요. 이때까지만 해도 두 나라는 겉보기에 그럭저럭 잘 지내는 듯했습니다.

왜 서희는 외교 담판을 했을까?

이때 이대로 변호사가 손을 번쩍 들면서 자리에서 일어섰다.

이대로 변호사　이의 있습니다! 거란이 낙타와 사신을 고려에 보냈던 것은 사실 발해를 치기 위한 교활한 속셈이 아니었나요? 고려에 친근한 척하며 고려가 발해를 도와주지 못하도록 하는 원교근공(遠交近攻), 즉 가까운 나라 발해를 공격하기 위해 멀리 있는 나라, 고려와 잘 지내는 척을 하려는 전략 말이지요.

김딴지 변호사　무슨 말씀! 거란은 고려와의 교류를 위해 순수한 목적으로 사신을 보냈던 것입니다. 왜곡하지 말길 바랍니다.

이대로 변호사　순수한 목적이었다고요? 흥! 이해할 수 없군요. 그럼, 그 직후인 925년에 거란이 발해를 쳐 멸망시킨 건 어떻게 설명해야 합니까? 일단 고려와 안정적인 관계를 취한 후에, 고려의 방해를 받지 않고 발해를 손쉽게 멸망시키려던 속내가 아닙니까?

김딴지 변호사　그것은 거란과 발해, 두 나라 사이에 문제가 있었기 때문입니다. 처음에 거란과 사이가 좋았던 발해는 나중에는 배반하고 거란을 괴롭혔지요. 거란이 발해를 친 것은 어쩔 수 없는 일이었습니다.

이대로 변호사　비겁한 변명입니다! 판사님, 발해를 멸망시킨 것만 보아도 거란이 얼마나 공격적이고 전쟁을 일삼는 나라인지 잘 알 수 있습니다. 고려의 태조 왕건은 걸핏하면 다른 나라를 쳐들어가는 거란을 못된 야만의 나라라 하여 상대하지 않도록 하였습니다. 그래서 태조는 942년, 거란과의 국교를 끊고 사신을 섬으로 귀양 보낸 뒤 선

국교

국교란 나라와 나라 사이에 맺는 외교적 관계를 의미합니다.

만부교

만부교는 현재 북한의 개성인 고려의 수도, 개경에 있던 다리랍니다.

물로 보내온 낙타를 만부교 아래 묶어 두어 굶어 죽게 했지요.

김딴지 변호사   흥, 그 만부교 사건으로 고려가 위태로워진 건 모르시나요? 그리고 자꾸 거란이 발해를 멸망시킨 걸 문제 삼는 건 곤란하지요. 당시는 혼란스럽던 시대가 아니었습니까? 판사님, ▶왜 거란이 고려를 미워할 수밖에 없었는지 설명하기 위해 고려의 태조 왕건이 남긴 「훈요십조(訓要十條)」를 증거 자료로 제출합니다.

판사   좋습니다. 설명해 주시지요.

김딴지 변호사   이 자료에는 고려의 태조 왕건이 거란과 국교를 단절하고 거란의 문물을 받아들이지 말라고 말한 부분이 분명히 적혀 있습니다. 하지만 이것은 결국 두고두고 고려의 앞날에 험난한 걸림돌이 되었습니다. 고려가 스스로 불러일으킨 결과였지만 말이지요.

판사   잠시만요, 김딴지 변호인. 고려가 거란을 멀리한 것이 고려에 해가 되었다고요? 왜 그렇지요?

김딴지 변호사   당시 거란은 새롭게 떠오른 강대국으로, 세상을 호령하고 있었기 때문입니다. 거란을 멀리하라는 태조 왕건의 정책은 고려에 전혀 도움이 될 게 없었지요.

교과서에는

▶ 태조 왕건은 고려를 건국한 뒤, 나라의 기틀을 잡기 위해 후대 왕들이 지켜야 할 열 가지 지침인 「훈요십조」를 남겼습니다. 여기에는 불교를 숭상하고 거란을 멀리하라는 내용이 포함되어 있습니다.

갑자기 이대로 변호사가 발끈하고 나섰다.

이대로 변호사   아니, 그럼 고려가 거란에게 잘 보이기 위

한 노력이라도 해야 했다는 말씀입니까?

김딴지 변호사   거란이 더 강한 나라이니 당연하지요!

판사   자자, 모두 진정들 하세요. 양측의 공방이 점점 치열해지고 있군요. 다들 차분하게 준비한 변론에 집중해 주길 바랍니다.

김딴지 변호사   알겠습니다. 사실 거란은 고려의 싸늘한 자세에도 불구하고 고려를 끌어안기 위해 노력했습니다. 하지만 고려는 거란이 내민 손을 번번이 잡지 않았죠. 만부교의 낙타 사건 말고도 그런 사례가 또 있었습니다.

판사   또 있었다고요?

김딴지 변호사   그렇습니다. 이번에는 송나라와 얽힌 문제였지요.

판사   그 부분 역시 이번 재판에서 자세히 다루어져야 한다고 봅니다. 일단, 지금까지 고려와 거란이 왜 사이가 나빴는지에 대해 살펴보았습니다. 그러면 이제부터는 고려가 거란 말고도, 당시 송나라와 어떤 문제로 얽혀 있었는지 알아보겠습니다.

김딴지 변호사는 의기양양한 표정으로 준비해 온 자료를 들췄다.

서희 가문을 일으킨
은혜 갚은 사슴 이야기

서희 가문의 성장과 관련해 은혜 갚은 사슴 이야기가 『고려사』에 실려 전해지고 있습니다.

서희의 할아버지인 서신일이 시골에 살고 있을 때 어느 날 사슴 한 마리가 그가 있는 곳으로 달려왔지요. 신일이 보니 사슴의 몸에 화살이 꽂혀 있었어요. 그래서 그것을 뽑아 주고 사슴을 숨겨 주었지요. 그런데 얼마 안 되어 사냥꾼이 쫓아와서 사슴을 찾는 거예요. 하지만 신일이 사슴에 대해 알려 주지 않자 사냥꾼은 사슴을 찾지 못하고 돌아갔고 결국 사슴은 무사할 수 있었답니다.

그날 밤 신일의 꿈에 한 신인(神人)이 나타나서 말하기를, "사슴은 나의 아들이었소. 그대의 보살핌과 기지 덕택으로 해를 입지 않을 수 있었다오. 앞날에 당신의 자손들은 대대로 경(卿)이나 상(相)의 높은 벼슬을 하게 될 것이니라"라고 말하고는 사라졌답니다.

이후 신일은 여든 살 많은 나이에 아들 서필을 얻었습니다. 서필은 광종이 지나치게 중국인을 우대하는 정책을 펼치자 두려움 없이 올곧은 간언을 한 것으로 유명합니다. 서필의 둘째 아들이 서희였고요, 서희의 아들 서눌은 현종을 위기에서 구해 문하시중의 자리에까지 올랐고 현종의 장인이 되기도 하였습니다. 과연 신일의 꿈처럼 자손 대대로 연이어 재상이 되었으니 신기한 일이라 할 수 있겠지요.

—『고려사』 94권 「열전 7」 중에서

2

당시 고려의 바깥 상황은 어땠을까?

판사   김딴지 변호인, 당시 국제 정세에 관한 좀 더 구체적인 진술을 부탁합니다.

김딴지 변호사   네, 판사님. 당시 혼란스러웠던 동북아시아에서 가장 먼저 국가를 세운 건 거란이었습니다. 송나라는 거란과 고려가 건국되고 약 40여 년 뒤인 960년에 세워졌지요. 당시 고려는 918년에 나라가 세워진 뒤에도 후백제, 후고구려와 전쟁을 치르면서 936년에야 비로소 통일을 이룩했습니다. ▶그런데 고려는 가까운 거란보다 멀리 있는 중국의 송나라와 사이좋게 지내는 것도 모자라, 송나라에 조공을 바치기도 했습니다. 참 우스운 일이라 아니할 수 없습니다.

이대로 변호사   이의 있습니다, 판사님! 원고 측 변호인은 자꾸만 고려 왕조를 깎아내리는 발언을 하고 있습니다. 제지해 주시길 바랍니다.

김딴지 변호사 　끝까지 한번 들어 보세요. 고려와 송나라가 가까워진 결정적인 사건이 하나 있었습니다. 때는 985년, 송나라는 고려에 사신을 보내 함께 힘을 모아 거란을 치자고 제안했습니다. 송나라 입장에서는 '연운 16주' 지역을 거란으로부터 빼앗아 오는 게 목적이었습니다.

판사 　그러면 고려는 송나라의 연합 요청을 순순히 받아들였나요?

김딴지 변호사 　그렇지 않습니다. 고려가 어떤 나라인데요?

판사 　그러면요?

김딴지 변호사 　고려는 이 기회를 이용해 송나라로부터 최대한 이익을 얻어 내려 했습니다. 여러 나라가 경쟁하는 혼란한 시대였기 때문에 고려는 송나라가 정말 같은 편이 맞는지 확실히 알고 싶었지요. 모든 나라와 다 싸울 수는 없었으니까요. ▶▶그런데 당시 고려의 북쪽 지역에 있던 여진족은 주변 나라들의 걸림돌이었습니다. 특히 고려와 많이 껄끄러웠죠.

판사 　그 이유가 무엇인가요?

김딴지 변호사 　왜냐하면 과거에 거란이 여진을 압박했을 때 여진은 고려에 구원 요청을 했다가 거절당했기 때문이지요. 이후 화가 난 여진은 고려 국경을 자주 침입해 왔습니다. 그것도 모자라 여진은 송나라로 달려가 고려가 송나라 대신 거란과 가까워지고 있다며 거짓말을 했던 것이

교과서에는

▶ 당시 송나라와 거란은 중국 대륙의 패권을 놓고 경쟁하고 있었습니다. 송나라는 거란을 견제하기 위해 고려와 좋은 관계를 유지하려 했지요. 고려 또한 이러한 국제 정세를 이용해 송나라와 우호적으로 교류하며 거란을 견제했습니다.

▶▶ 원래 고구려에 속했던 여진은 '말갈'이라 불리다가 발해가 멸망한 뒤에 '여진'으로 불리며 발해의 옛 땅에서 살아가고 있었습니다. 하지만 고려와 국경을 접하고 있어 충돌이 잦았지요.

정안국

거란은 세력을 키워 나가면서 926년에 발해를 멸망시켰습니다. 그래서 발해의 남겨진 백성들 중 일부가 압록강 중상류로 피란하여 작은 나라를 세웠는데, 그게 정안국이었습니다. 정안국 역시 거란에 의해 986년에 멸망했지요.

죠. 송나라 입장에서는 그동안 고려와 사이가 좋다고 믿어 왔는데, 고려가 정말 자기편인지 의심할 수밖에 없었을 겁니다. 그래서 고려는 거란을 치려는 송나라에 협조하는 것이 유리하다고 판단했습니다. 그리고 고려는 송나라와의 우의를 이 기회에 확실히 다졌던 것입니다.

이대로 변호사 이의 있습니다, 판사님! 물론 고려는 송나라와 국제 정세의 변화에 따라 서로 전략적으로 힘을 합치려 했던 것은 사실이었습니다. 하지만 고려가 무조건 송나라와 친하게 지내려 했던 것은 아닙니다. 원고 측 변호인의 설명대로, 985년에 송나라는 사신을 고려에 보내 거란을 함께 치자고 요청한 일이 있었습니다. 그때 고려는 송나라와 협력하는 것이 옳다고 느끼면서도 쉽사리 결정을 내리지 못했습니다.

판사 왜 그랬지요?

이대로 변호사 당시의 동북아 정세를 살펴보면 거란은 연운 16주 일대를 모두 차지했을 뿐만 아니라 정안국도 멸망시키기 직전이었지요. 이로써 거란과 고려는 바로 국경을 마주하게 되어, 거란을 공격할 경우 고려에 피해가 닥칠 수도 있었습니다. 그런데 송나라에서 고려에게 거란을 치자고 제안했던 것입니다. 고려의 입장에서 거란 공격은 나라의 운명을 건 시도였으므로 송나라에 바로 화답하지 못했던 것입니다. 원고 측 변호인은 지나친 억측을 삼가 주십시오!

이대로 변호사의 날이 선 반격에 재판정은 잠시 술렁였다. 판사는

분위기가 진정되길 기다린 후 질문했다.

판사   고려로서는 많은 위험 부담이 따랐겠는걸요?

이대로 변호사   그렇습니다. 사실 고려는 전쟁을 원하지 않았습니다. 그래서 송나라에서 고려를 살갑게 대하면서 거란을 함께 공격하자며 도움을 요청해 와도 쉽사리 결정하지 못했습니다.

판사   피고에게 묻겠습니다. 송나라가 고려에 협공을 요청할 당시 거란의 반응은 어땠나요?

서희   정말 재빠르게 움직이더군요. 거란은 얼른 손을 써야겠다고 느꼈는지, 우리 고려에 사신을 보내 화친을 요청해 왔습니다. 운명의 갈림길 위에서 고려는 과연 어떤 선택을 해야 할지 고민이 많았지요. 송나라와 거란 사이에서 고민하던 우리는 일단 결정을 미루고 두고 보기로 했습니다. 그래서 거란이 화친을 요청해 왔을 때도 굳이 거절하지 않았습니다. 침묵은 약간의 긍정이라고 할 수도 있으니까요.

판사   그렇다면 고려가 확실히 송나라의 편만 든 것도 아니군요.

서희   그렇다고 볼 수 있습니다. 우리 고려는 처음부터 압록강을 중심으로 하는 국경선이 유지되기만 한다면 거란이나 송나라 모두와 외교 관계를 맺을 생각이었습니다. 그것이 고려의 국익이라고 판단했으니까요. 원고가 억울해 하는 것처럼 우리가 아무 이유 없이 무조건 송나라만 좋아한 것이 아닙니다. 다만 거란이나 여진 등의 북방 민족은 믿을 만한 상대가 아니므로 국경 방어를 튼튼히 했을 뿐입니다.

김딴지 변호사　이의 있습니다! 고려가 거란과 싸울 생각이 없었다고요? 그걸 무엇으로 증명할 수 있나요?

서희　986년, 송나라가 거란을 침입했을 때, 거란이 송나라를 물리칠 수 있었던 일이 과연 우연이었을까요? 고려가 거란에 암묵적으로 협조했기 때문에 가능했던 것입니다. 고려는 대놓고 송나라 편을 들며 거란을 배척한 적이 없습니다.

김딴지 변호사　고려의 힘으로는 거란을 상대할 수 없다고 판단했기 때문은 아닌가요?

서희　그때 거란도 우리 고려를 함부로 무시하지는 못했을걸요? 송나라와 거란 모두 고구려가 수나라·당나라와의 전쟁에서 승리를 거둔 과거를 잘 알고 있었기 때문입니다. 고구려를 계승해 고려라는 나라 이름까지 지은 우리는 그리 만만한 나라가 아니었습니다.

판사　잘 들었습니다. 고려와 송나라가 서로 밀고 당기기를 하며 거란을 견제했다는 말씀이군요. 그러자 위기감을 느낀 거란은 고려와 가까이 지내려 했다는 것이고요.

김딴지 변호사　네, 그렇습니다. 거란이 고려에 국교를 맺자고 요구할 때마다 고려는 항상 이런저런 이유를 댔습니다. 여진을 핑계 삼기도 했지요. 고려는 거란과 사이좋게 지내고 싶지만 고려에서 거란으로 가는 길목인 압록강 유역에 여진이 딱 버티고 있기 때문에 교류가 쉽지 않다며 요리조리 둘러댔거든요.

판사　그런데 거란은 왜 고려와 화친하려 했나요?

김딴지 변호사   거란은 여진과 송나라만으로도 충분히 골치가 아팠습니다. 그래서 쓸데없이 고려와 문제를 만들고 싶지 않았고, 오히려 친하게 지내는 편이 속 편했던 것이죠. 그래서 고려와의 전쟁은 피하려 했습니다.

이대로 변호사   들으신 대로 거란은 사실 발등의 불을 끄는 데 급급해서 고려까지 적으로 만들고 싶지 않았습니다. 게다가 고려는 언제든지 송나라와 힘을 합쳐 거란을 칠 수 있었기 때문에 더 애가 타기도 했고요.

김딴지 변호사   그렇게 보일 수도 있겠습니다. 당시에는 어느 나라가 됐든, 복잡한 국제 정세를 영리하게 이용하여 힘의 균형을 이루는 것이 중요했으니까요. 그래서 986년 1월에 거란은 또다시 사신을 보내 고려에 화친을 청했지요. 거란으로서는 참으로 인내심을 발휘해 제안했던 셈이죠!

"도대체 거란은 몇 번이나 고려를 찾아갔다는 말이지?"
"하지만 그게 다 자기네 나라의 이익을 위해서가 아니었겠어?"
재판을 듣고 있던 방청객들이 한마디씩 말을 이었다.

판사   그때는 고려가 거란을 받아들였나요?

김딴지 변호사   결과적으로는 아닙니다. 고려는 송나라와 거란의 반응을 지켜보고 있었지요. 손해를 보지 않기 위해 일단은 양쪽을 모두 받아들이는 듯 중립을 지켰어요. 하지만 결국 고려는 거란에는

강경하게 대응하며 송나라 쪽으로 더욱 기울었지요. 거란과는 계속 사신을 교환하지 않았습니다. 일이 이렇게 되자, 거란은 아무런 손을 쓰지 않으면 곤경에 처할 수 있다는 위기감을 느꼈던 것입니다. 슬슬 동북아시아 지역에 전쟁의 기운이 감돌기 시작한 것이죠.

이대로 변호사　　판사님, 지금 원고 측 변호인은 마치 고려의 잘못으로 전쟁이 일어날 수밖에 없었다는 듯 계속 우기고 있습니다.

판사　　거란과 고려가 전쟁을 하게 된 배경을 정확히 아는 것이 필요하므로 원고 측 변호인의 말을 좀 더 들어 보겠습니다. 김딴지 변호인, 계속 설명해 주세요.

김딴지 변호사　　감사합니다. 결국 거란은 고려에 대해 최후의 선택을 해야만 했습니다. 바로 당하기 전에 먼저 고려를 치는 것이었죠. 또 거란은 송나라와의 전쟁을 준비하기 위해서 빠른 시일 내에 고려와의 관계를 정리할 필요가 있었습니다. 하지만 그러면서도 거란은 고려와 평화적 관계를 유지하고자 노력했습니다. 최대한 말이지요. 이상입니다.

판사　　네, 잘 들었습니다.

이대로 변호사　　판사님, 피고가 직접 할 말이 있다고 합니다.

판사　　피고, 말씀해 주시지요.

서희　　판사님, 원고 측이 자꾸 우리 고려가 송나라와만 잘 지내고 예를 갖추었다고 시비를 거는데, 이 부분에 대해 해명하지요. 972년, 내가 송나라에 사신으로 갔을 때 송나라 태조를 만났습니다. 고려에서 7년 만에 사신이 방문한 것이어서 송나라는 우리 사신 일행을 매우 환영하며 맞아 주었고, 태조는 나에게 검교병부상서라는 높은 직함을 내렸습니다. 이렇게 송나라 측에서 애쓰는데 양국의 관계가 어찌 좋아지지 않겠습니까.

이대로 변호사　아마도 송나라 태조가 피고의 지식과 태도에 깊은 감명을 받았던 모양인가 봅니다.

서희　허허. 그야 어쨌든, 우리 고려 입장에서는 송나라와 끈끈한 관계를 다지는 게 여러모로 유리했습니다. 사실 이때는 천하가 거란이 점점 더 세력을 키우는 것을 걱정하던 때입니다. 거란은 물불을 가리지 않고 주변 나라들을 위협하며 세력을 넓히려 했어요. 그래서 우리 고려는 어떻게든 거란이 고려까지 내려오는 걸 막아야만 했습니다. 거란뿐만이 아니라 거란 바로 옆에 있는 여진도 우리 고려에게는 골칫거리였지요. 그래서 고려는 한반도 북쪽 지역에 성을 쌓고 경비를 탄탄히 하면서 거란과 여진이 고려 땅으로 내려오는 걸 막으려고 했던 것이지요.

이대로 변호사　그래서 고려는 북방의 경계를 탄탄히 하는 한편, 송나라와 더욱 협력하게 되었군요?

서희　그렇습니다. 그런데 10~11세기 때 동북아시아의 상황에 대해서는 전문가를 불러 직접 설명을 듣는 것이 나을 듯합니다만…….

이대로 변호사　네, 그러실 줄 알고 증인을 신청해 놓았습니다. 바로 국제 외교사 전문가라 할 유성룡입니다. 어떻겠습니까?

서희　역시 이대로 변호사의 준비성은 믿을 만하군요.

이대로 변호사　판사님, 증인으로 조선 시대 학자인 유성룡을 모시

송나라
고려의 서희라 하옵니다~.
오오, 어서 오시오!
당근이지! 옆에서 거란이 날뛰고 있으니 골치 아파 죽겠다오.
거란이 거침없이 커가고 있는데, 이럴 때일수록 고려와 송나라가 서로 협력해야 하지 않겠습니까?

고자 합니다.

판사　누구라고요? 유성룡? 그분이라면 임진왜란의 영웅인 이순신 장군을 등용한 분이 아닙니까? 좋습니다. 증인은 증인 선서 후 증언대에 서 주시기 바랍니다.

판사의 말이 떨어지자 하얀 머리칼의 유성룡이 법정 안으로 들어와 증인석에서 증인 선서를 시작했다.

유성룡　선서. 나, 유성룡은 양심에 따라 숨기거나 보태지 아니하고 사실 그대로 말하며 만일 거짓말을 하면 위증의 벌을 받기로 맹세합니다.

이대로 변호사　나와 주셔서 감사합니다. 증인, 그런데 고려는 왜 무서운 기세로 세력을 넓혀 가고 있는 거란을 가까이하지 않고 바다 건너 송나라와 국교를 맺으려 했을까요?

유성룡　흠흠, 어찌 보면 그것은 당연하다 할 수 있습니다. 거란은 발해를 멸망시키고 발해의 후손이 세운 정안국도 짓밟아 고려에 위협적인 존재가 되었습니다. 게다가 문화적으로도 중국의 송나라와 달리 그다지 받아들일 만한 부분이 없는 미개한 나라였습니다.

이 대목에서 원고 소손녕은 참을 수 없다는 듯이 자리를 박차고 일어났다.

소손녕　뭐? 문화적으로 받아들일 게 없는 미개한 나라라고? 우리 거란을 어떻게 보고, 감히!

유성룡　발끈하지 말고 끝까지 들어 주십시오. 고려의 태조 왕건은 후삼국을 통일하고 나라를 세운 뒤, 한반도에 이제 새로운 고려왕조가 들어섰음을 세상에 알려야 했습니다. 이는 새 나라를 탄탄히 안정시키기 위해서도 꼭 필요한 작업이었죠. 그래서 고려가 송나라와 사대 관계를 맺었던 것입니다. 고려는 송나라와 친하게 지내면서 거란을 적절히 견제할 수 있는 전략이 필요했습니다.

이대로 변호사　네. 간단하게 정리해 주셔서 감사합니다.

　　이대로 변호사가 흐뭇한 표정으로 증인 신문을 마치자 김딴지 변호사가 손을 들며 발언을 요청했다.

김딴지 변호사　판사님, 증인에게 몇 가지 질문할 기회를 주십시오.

판사　원고 측 변호인의 요청을 받아들입니다.

김딴지 변호사　감사합니다. 증인, 당시 거란은 동북아시아의 여러 나라들 사이에서 꽤 중요한 역할을 하던 나라가 아니었나요?

유성룡　어떤 의미에서 그런 말씀을 하는 것이지요?

김딴지 변호사　고구려는 한때 천하를 호령하기 위해 힘을 키워 나갔습니다. 비록 이것을 이루기 전에 멸망하긴 했지만, 이러한 고구려의 꿈을 대신 실현하려 한 것이 바로 거란이 아니냐는 것입니다. 거란은 당시까지 행해지던 중국 중심의 사대 관계를 따르지 않고,

주체적으로 힘을 키웠습니다. 송나라 역시 거란의 힘 앞에 꼼짝 못한 적도 있었는데, 고려가 계속 송나라와만 친하게 지내는 게 맞았다고 보십니까? 대답해 주시지요.

유성룡   흠, 민감한 문제로군요. 하지만 거란이 힘을 좀 키웠다고 고려가 무조건 거란과 친하게 지내야 하는 건 아니죠. 친해지려면 서로 어울릴 만한 구석이 있어야지요. 그렇지 않습니까?

김딴지 변호사   알겠습니다. 당시 고려의 입장이 증인의 말과 크게 다르지 않았겠군요. 고려가 이렇게 거란을 멀리하고 송나라와만 교류했으니, 거란이 고려를 쳐들어간 것도 무리는 아니었겠군요! 흠흠.

김딴지 변호사는 입을 삐죽거리며 자리로 돌아갔다. 그때 할 말이 많다는 표정으로 앉아 있던 서희가 벌떡 일어나 판사에게 발언을 요청했다. 판사가 고개를 끄덕이며 허락했다.

서희   증인의 진술처럼, 우리는 결과적으로 송나라만을 택했습니다. 그러자 거란은 아예 드러내 놓고 고려를 괴롭히기 시작했습니다.

이대로 변호사   결국 고려와 송나라의 관계는 탄탄하게 유지된 반면, 거란은 공공의 적이었던 셈이네요?

서희   그렇습니다. 이후 고려와 송나라는 협력 관계를 유지했습니다. 그리고 언제 내려올지 모르는 거란을 막기 위해 우리 고려는 송나라뿐만 아니라 정안국과도 연합할 수밖에 없었지요. 정안국이야 결국 거란 손에 짓밟히는 운명을 맞긴 했습니다만······.

이대로 변호사   거란은 발해도 모자라 발해의 후손이 세운 나라인 정안국까지 멸망시켰군요. 그 후, 거란의 움직임은 어땠습니까?

서희   거란의 야욕은 끝이 없었습니다. 정안국을 멸망시키고 여진족을 내쫓은 거란은 993년부터는 우리 고려를 위협하기 시작했습니다. 결국 첫 번째 거란 침입, 즉 제1차 여요 전쟁이 일어난 것이지요. 내가 소손녕과 만날 시간이 점점 다가오고 있었던 것입니다. 역시 우리 태조 왕건이 늘 말씀하셨듯이 거란은 짐승과 같은 나라였답니다. 그런 검은 속내를 숨기고 친하게 지내자고 손을 내밀면 우리가 순진하게 덥석 잡을 줄 알았답니까? 그래 놓고 우리 고려가 거란의 화친 요구에 응하지 않아 전쟁을 일으킬 수밖에 없었다는 것은 거란 측의 변명일 뿐입니다. 그것은 단순히 그 후에 고려를 쳐들어오기 위한 구실일 뿐이었어요.

　　서희가 발언을 마치자 호기심에 가득 차 앉아 있던 방청객들이 태극기를 흔들면서 "서희! 서희! 서희!"를 외쳤다. 하지만 거란 사람들이 앉아 있는 자리에서는 야유가 쏟아져 나왔다.

판사   자, 모두 조용히 해 주길 바랍니다. 한국사법정은 공정하게 역사적 정의를 찾는 곳입니다. 역사공화국의 영혼들 역시 거기에 공감하고 자긍심을 갖고 있기도 합니다. 그런 만큼 방청객 여러분은 선진 문화인들답게 질서를 유지해 주길 바랍니다.

　　재판 첫날인데도 그 열기가 매우 뜨거웠습니다. 오늘은 고려와 거란이 어떤 관계였는지 그 주변 상황은 어떠했는지에 대해서 알아보았습니다. 두 번째 재판에서는 거란이 고려를 본격적으로 쳐들어온 여요 전쟁의 구체적인 상황을 짚어 보겠습니다. 양측 변호인은 잠시 나를 만나 보고 가기 바랍니다. 이상입니다.

땅, 땅, 땅!

다알지 기자

안녕하십니까? 시청자 여러분! 빛보다 빠른 뉴스, 역사공화국 법정 뉴스의 다알지 기자입니다. 저는 지금 역사공화국 한국사법정에 나와 있습니다. 오늘 드디어 모든 시민들이 기다리고 기다리던 소손녕 대 서희의 첫 재판이 열렸습니다. 양측 변호인 대표로 원고 측은 김딴지 변호사, 피고 측은 이대로 변호사가 나왔고, 소손녕과 서희가 각각 진술을 마친 상태입니다. 아무래도 첫날이니만큼 양측의 치열한 신경전과 탐색전이 있었습니다. 자, 그러면 이번 재판의 두 주인공인 소손녕과 서희를 만나 첫날 재판에 대해 어떻게 생각하는지 들어 보도록 하겠습니다.

소손녕

우리의 유능한 김딴지 변호사가 오늘 나를 위해 화려한 변론을 펼치며 활약하는 모습을 잘 보았소? 1000년 전에 보았던 서희보다 더 말을 잘하더군요. 하하. 나는 오늘 한국사에 잘못 알려진 위대한 거란의 역사와 위상, 그리고 황실 가족으로서의 나의 존엄함을 알리고자 했다오. 그리고 고려는 우리 거란과는 화친을 하지 않고 송나라와만 친하게 지냈지. 거란이 고려를 공격할 수밖에 없었던 이유가 바로 거기에 있소. 그러니 『고려사』에 실린 내용만을 가지고 나와 거란을 지나치게 깎아내리지 않았으면 합니다. 나는 조국 거란을 위해 충성을 다했을 뿐이라오.

서희

고려의 역사를 잘 이해하고 있는 이대로 변호사가 내 변호를 맡아 정말 다행입니다. 당시 내가 멋지게 거란과의 외교를 성공시킨 후에 원고 소손녕은 7일간이나 잔치를 벌이면서 나를 극진히 대접했습니다. 그런데도 이제 와서 이렇게 소송을 걸다니, 이해할 수가 없군요. 역사에서 이미 고려가 고구려를 계승한 것이나 거란이 고려를 일방적으로 침공한 것, 항복을 받기 위해 병력을 뺑튀기한 것 등이 명백히 밝혀졌는데 말이에요. 협상 테이블을 마련하는 과정에서 이미 나한테 다 들킨 내용을 새삼 재평가받으려 하는 것을 보면 억지로라도 다시 한 번 유명세를 타고 싶은가 봅니다. 결과가 말해 주겠지요?

왜 서희는 외교 담판을 했을까?

거란은 왜 고려에 쳐들어왔을까?

1. 전쟁의 원인은 누구에게 있었을까?
2. 소손녕은 왜 서희를 만나려고 했을까?

1

전쟁의 원인은
누구에게 있었을까?

거란의 소손녕과 고려의 서희가 공방을 펼치는 한국사법정 재판 둘째 날에는 지난번보다 두 배나 많은 방청객이 줄을 서서 재판정 안으로 들어왔다.

"오늘은 고려와 거란의 전쟁을 본격적으로 다룬다며?"

"응. 서희와 소손녕의 그 유명한 외교 담판도 자세히 펼쳐질 건가 봐."

"이야, 첫날에도 양쪽 눈빛이 만만치 않던데, 오늘은 더 하겠군!"

방청객들은 이런저런 말을 주고받으며 판사가 재판을 시작하길 기다리고 있었다.

판사   자, 오늘은 소손녕과 서희의 재판 둘째 날입니다. 지난 재판 에서는 소송을 제기한 원고의 나라 거란에 대해 살펴보고 거란과 고려의 관계를 알아보았습니다. 그리고 두 나라를 둘러싼 당시 분위기도 짚어 보았고요. 원고 측 변호인은 두 번째 재판에서 다룰 주요 내용을 간단히 설명해 주시지요.

김딴지 변호사   네, 오늘은 본 사건과 관련해서 가장 중요한 부분이라 할 수 있는 거란과 고려 사이에 벌어진 전쟁의 원인을 밝혀 보도록 하겠습니다. 양측의 입장이 분명히 다르리라 생각합니다. 그리고 전쟁이 어떻게 진행되었는지, 그 과정을 검토하도록 하겠습니다. 그래서 과연 서희가 고려를 구한 영웅인지에 대해 판단해 보도록 하겠습니다.

판사   피고 서희는 피고석에 자리해 주기 바랍니다.

김딴지 변호사   제가 피고를 먼저 신문하겠습니다. 피고, 993년에 거란은 결국 고려로 쳐들어오게 되었습니다. 제1차 여요 전쟁이 터진 것이지요. 피고는 전쟁이 벌어진 가장 큰 이유가 무엇이라고 생각합니까?

서희   우리 고려가 볼 때 거란이 전쟁을 벌인 이유는 하나입니다. 천하를 정복하기 위해서지요. 다른 말이 필요할까요? 힘센 거란이 고려를 짓밟으려 한 것입니다. 힘을 과시한 것이지요.

김딴지 변호사   그렇다면 피고는 전쟁의 일차적 원인이 거란에 있었다는 것입니까?

서희   그렇습니다.

김딴지 변호사   과연 그럴까요? 고려는 당시 북진 정책을 추진하고 있었습니다. 고려가 북쪽으로 올라가면 올라갈수록 거란과 충돌할 가능성이 높아졌지요. 이것도 전쟁의 중요한 원인이라 볼 수 있습니다. 그렇지 않나요?

서희 　지금 우리 고려의 북진 정책을 문제 삼는 것입니까? 흥, 어이없군요! 거란은 이웃 나라를 공격적으로 위협하며 남의 땅을 넘보기도 했는데, 고려가 북진 정책을 추진한 게 잘못이라도 된단 말입니까?

김딴지 변호사 　들어 보십시오. 당시 고려의 영토는 압록강까지 도달했고, 거란은 위협을 느끼지 않을 수 없었습니다. 따라서 전쟁의 일차적 원인은 고려가 북진 정책을 펼치며 거란의 영토를 침범했기 때문이라고 봐야 합니다!

서희 　무슨 말씀을 그렇게 하십니까? 그것은 사실 여진으로부터 우리 땅을 지키기 위한 과정이었을 뿐입니다. 발해를 계승한 정안국이 원고의 나라 거란에 의해 무너진 뒤, 거란과 고려 사이의 넓은 땅을 여진이 차지하고 있었습니다. 여진이 국경을 넘어 우리 고려 땅을 자주 침범해 왔으므로 우리는 나라를 보호하기 위해 현재 북한의 평안북도 지역인 가주와 송성 등에 성을 쌓고 군대를 풀어 놓았던 것입니다.

김딴지 변호사 　어쨌든 거란과 고려가 충돌할 가능성이 많았던 것만은 사실이지요?

서희 　우리의 목적은 여진과 거란을 방어하는 것뿐이었습니다.

김딴지 변호사 　피고, 간단히 대답해 주십시오.

서희 　흠, 그러지요. 물론 충돌 가능성은 있었지만, 과연 거란이 위협을 느낄 정도였을까요?

김딴지 변호사　알겠습니다. 그런데 991년 10월 『고려사』 기록을 보니 이런 대목이 있습니다. "왕이 서도(西都)에 갔다. (……) 압록강 밖에 있던 여진을 몰아내고 백두산 밖에 살게 하였다"라고요. 피고, 이 사실을 잘 알고 있지요?

서희　물론입니다.

김딴지 변호사　이 기록을 보면 고려군이 압록강 밖까지 진출하고 백두산까지도 정벌했다는 사실을 알 수 있습니다. 당시 압록강 밖이라 하면 거란의 영토에 들어갑니다. 이런데도 고려가 거란 영토를 침범한 게 아니라고 할 수 있는 건가요?

이대로 변호사　이의 있습니다! 기록의 일부분만을 뽑아내어 인용하는 것은 잘못입니다. 고려는 여진 때문에 골머리를 앓고 있었습니다. 그런 상황에서 나라의 국경을 지키기 위해 노력하는 것이 잘못입니까? 또 그런 식으로 되묻자면, 985년 5월 기록에 나오듯 거란이 여진을 침입할 때 고려의 영토를 지나간 것은 어떻게 설명할 겁니까?

　　이대로 변호사가 거칠게 항의하며 나서자 법정 안은 웅성웅성 소란스러워졌다. 판사가 이를 정리하고 나섰다.

판사　잘 알겠습니다. 이 부분에 대한 양측의 의견은 충분히 들었습니다. 그러니 다음 쟁점으로 넘어갈까요?

김딴지 변호사　판사님, 문제는 또 있습니다. 고려는 당시 압록강까

『고려사』
조선 시대 세종 대왕은 김종서와 정인지 등의 학자들에게 고려 시대의 역사책을 쓰도록 명하였습니다. 그래서 1454년에 총 139권에 달하는 양으로 완성된 것이 바로 이 『고려사』입니다.

지 뻗어 왔습니다. 짐작해 보건대 고려는 옛날 발해와 정안국 땅을 비롯해 고구려의 땅마저 되찾으려 했던 것입니다.

소손녕 맞소, 맞소! 그래서 그때 내가 화를 내며 했던 말이 고려 역사책에 기록되어 있다죠?

김딴지 변호사 그렇습니다.『고려사』에 보면, 원고인 소손녕이 "거란은 이미 고구려의 옛 땅을 소유하고 있다. 그런데 지금 너희 나라에서 경계를 넘어오므로 이에 물리치러 온 것이다"라고 말한 것이 적혀 있지요. 이것은 고려가 분명 자기 잘못을 알고 있었단 뜻이 됩니다.

서희 그건 거란이 고려에 쳐들어오기 위해 그럴싸한 구실을 만들어 낸 겁니다. 그런 말까지 귀담아들어야 합니까? 그리고 고구려를 계승한 나라인 고려로서는 당연히 고구려의 옛 땅을 되찾아 오고 싶었습니다. 당연한 것 아닙니까?

그때 이대로 변호사가 손을 들며 나섰다.

이대로 변호사 판사님, 이 부분에 주목해 주십시오! 거란이 이미 고구려의 옛 땅을 소유하고 있었다는 대목입니다. 원고 소손녕은 이 사실을 근거로 거란이 고구려를 계승했다고 주장합니다. 하지만 단지 고구려의 옛 땅에 살고 있다고 해서 그 역사를 계승했다고 볼 수는 없습니다.

김딴지 변호사 무슨 소리입니까? 거란은 고구려의 옛 땅에 세워진 나라입니다. 그러니 고구려가 누렸던 모든 것은 거란의 것이 될 수 있는 것이지요. 피고 측 변호인의 말대로라면 세계 각 지역에 있던 왕조들이 옛날 자기네 조상들이 누렸던 곳으로 찾아가 모두들 자기네 영토를 돌려 달라고 해야 하지 않을까요?

이대로 변호사　　한 나라가 다른 나라의 역사를 계승했는지를 따질 때는 같은 민족이었는지가 중요합니다. 서로 다른 민족인 거란이 고구려를 계승했다고 볼 수 있습니까?

김딴지 변호사　　민족을 기준으로 본다면 거란이 고구려를 계승했다는 주장이 미심쩍게 보일 수도 있겠지요. 그러나 천하의 중심을 차지하려는 자긍심을 기준으로 보면 얘기가 달라집니다. 거란은 고구려의 옛 영토에서 일어나 북방 민족을 대표하여 중국 대륙을 정복하고자 했습니다. 하지만 고려는 거란보다 뒤늦게 세워진 데다 중국을 더 강한 나라로 인정하며 섬기기까지 했습니다. 이 부분만을 놓고 본다면 거란이야말로 고구려의 힘찬 기상을 이어 간 진정한 후계자라 할 수 있습니다.

이대로 변호사　　흥, 말도 안 되는 소리를 계속 늘어놓으시는군요!

판사　　자, 두 분 진정하세요. 그러면 결국 '진정한 고구려의 계승자가 누구냐'로 문제가 좁혀지겠군요?

김딴지 변호사　　그렇다고도 볼 수 있습니다.

이대로 변호사　　이의 있습니다, 판사님! 거란이 고구려를 계승했다고 주장하는 것은 세 살짜리 아이도 웃을 일입니다! 거란은 단지 고구려의 옛 땅을 노리며 그런 말도 안 되는 주장을 내세웠을 뿐입니

다. 진정한 고구려의 후계자는 역시 고려이지요. 나라 이름도 그래서 고려라 하지 않았습니까? 고구려 계승을 내세우지 않고서는 있을 수 없는 이름이지요. 거란이 무엇이라 포장하든, 그들이 고구려의 옛 땅을 노리고 고구려를 계승했다고 주장한 것은 분명한 사실입니다.

김딴지 변호사   그런데 나라 이름만 가지고 고려가 고구려를 계승했다 할 수 있나요? 거란은 고구려의 옛 영토 대부분을 소유하였기 때문에 고구려에 대한 **영유권**을 주장할 수 있다고 봅니다만, 고려는 그것을 증명할 근거가 있습니까?

서희   그건 내가 설명하겠습니다. 고려가 고구려를 계승했다는 사실은 지리적으로도 충분히 설명할 수 있습니다. 바로 고려가 수도를 고구려의 옛 수도 서경에다 정했다는 것입니다. 이것 역시 고려가 고구려를 계승했다는 근거이지요. 또 고구려의 일부를 계승했던 **해동성국** 발해를 형제의 나라로 여겨 사이좋게 지내기를 약속했고, 거란에 의해 발해가 멸망하자 그 왕족과 **유민**들을 모두 고려에 받아들였습니다. 그뿐만이 아닙니다. 고구려의 건국 시조 **동명성왕**에게 제사를 지내는 등 고구려의 시조를 숭배했지요. 이 정도만 해도 충분하지 않나요?

김딴지 변호사   그런 식의 논리라면 발해나 고구려의 후예들 역시 거란에 많이 남아 있었습니다. 그리고 피고가 말한 내용 중, 고려가 수도를 고구려의 옛 수도인 서경에다 정했다고 한 부분은 이상합니다. 정말 그랬나요? 제가 알기로 고려의 수도는 서경이 아닌 현재의 개성, 즉 개경 아닌가요.

서희　허허, 김딴지 변호사. 하나는 알고 둘은 모르시는군요. 그 부분은 특수성이 있습니다. ▶우리 고려의 태조 왕건은 고려의 수도를 개경으로 정했지만, 고구려를 계승하는 의미에서 고구려의 옛 수도인 서경을 중요시하라고 「훈요십조」에도 분명하게 적어 놓았습니다. 광종께서도 개경을 임금의 도읍이란 의미에서 황도(皇都)라 하는 한편, 서경을 서쪽의 도읍, 즉 서도(西都)라 한 것이지요. 따라서 서경을 수도라 한 것이 크게 잘못되거나 왜곡된 것은 아닙니다.

김딴지 변호사　그렇게 따지면 고구려의 초기 수도인 국내성은 거란의 영향 아래 있었습니다. 즉, 지리적으로도 거란은 고구려를 계승했다고 볼 수 있지요.

이대로 변호사　잠시만요! 중요한 것은 그곳이 거란의 수도라 할 만큼 중요한 곳이 아니었다는 점입니다. 수도에는 국왕이 거처하는 궁궐과 종묘와 같은 사당, 교육 기관, 성곽 등이 있어야 합니다. 판사님! 태조 왕건이 남긴 「훈요십조」의 5조에 이런 내용이 있습니다.

> 　　다섯째, 나는 삼한 산천의 도움을 받아 왕업을 이루었다. 서경은 수덕(水德)이 순조로운 데다가 우리나라 지맥의 근본으로 만대 대업의 땅이다. 마땅히 봄·여

종묘
조상의 위패를 모셔 두는 묘를 말합니다.

교과서에는

▶ 개경은 현재 북한의 개성이고, 서경은 평양입니다. 고려는 고구려의 수도였던 평양을 서경, 신라의 수도였던 경주를 동경이라 하여 개경과 함께 3경이라 하였지요.

름·가을·겨울 사계절의 중간 달에 국왕은 순행하여 백 일 이상을 머물며 왕실의 안녕을 빌도록 해야 할 것이다.

자, 이래도 고려의 수도 문제를 갖고 계속 딴죽을 걸 겁니까, 김딴지 변호사?

김딴지 변호사   참나, 이해할 수 없군요. 그런 식으로 넘어가려 하다니요. 고려는 북쪽으로 진출하기 위한 발판으로 서경을 중시했던 것을 마치 고구려를 계승해서 그런 것인 양 포장하고 있군요.

서희   북쪽의 안정을 위해 서경을 중요하게 여긴 면도 물론 있습니다. 하지만 우리 고려는 서경을 마음의 고향으로 삼고 있었습니다. 그렇기 때문에 고려의 가장 큰 불교 행사 중 하나인 팔관회도 음력 10월에 서경에서 열었던 것입니다.

김딴지 변호사   ▶하지만 결정적으로 고려는 신라 땅에서 일어나지 않았습니까? 태봉이 신라에서 일어났고, 고려는 태봉을 이은 나라니까요. 또 태봉을 세운 궁예는 신라 왕실 출신으로 알고 있습니다. 왕건은 궁예를 없애고 고려를 건국했지요. 이렇게 본다면 고려는 고구려보다는 신라를 계승했다고 할 수 있지 않습니까?

서희   원고 측 변호인은 우리 고려의 건국 과정을 제대로 조사하지 않았군요.

김딴지 변호사   피고, 어떻게 그런 말을 할 수 있지요?

서희   내 말을 들어 보세요. 태조 18년의 기록을 보면 신

교과서에는

▶ 궁예는 후고구려를 건국했고 수도를 철원으로 옮긴 뒤, 나라 이름을 태봉으로 바꿨습니다. 하지만 실정을 거듭하여 민심을 잃었고 결국 신하들은 궁예를 내쫓고 왕건을 국왕으로 추대하였지요. 이때 왕건은 918년에 나라 이름을 고려로 고치고 이듬해 철원에서 송악(지금의 개성)으로 도읍을 옮겼답니다.

라왕은 고려에 스스로 신하가 되겠다고 말한 적이 있습니다. 신라의 마지막 왕인 경순왕은 국가를 우리 고려에 바친 것입니다. 그러므로 고려가 신라를 계승했다는 것은 잘못된 인식입니다. 더구나 거란은 수차례 우리 고려에 사신을 보냈으므로 이런 사실을 모두 알고 있었을 겁니다. 안 그런가요?

김딴지 변호사 그것은 추측에 불과하며 공식적으로는 확인할 수 없습니다.

판사 고구려 계승에 대한 논의는 이쯤에서 마무리하고, 두 나라 사이에 전쟁이 벌어진 원인에 대해 이야기해 봅시다. 원고 측에서 먼저 이야기하세요.

김딴지 변호사 거란이 보기에 전쟁은 고려가 거란 영토를 침범했고, 무리하게 송나라만 받들었기 때문에 일어났습니다.

이대로 변호사 잠깐만요, 원고 측 변호인! 조금 전 제 의뢰인은 여진과 거란이 세력을 넓히며 고려의 국경을 침범했기 때문에 고려는 국경을 방어할 수밖에 없었다고 분명히 말했습니다. 왜 거란이 아닌 송나라와 친하게 지냈는지에 대해서도 이미 충분히 설명했고요.

판사 자, 진정하세요! 원고 측 신문에서 더 나올 이야기가 없는 듯하니, 이제 피고 측 변호인이 질문하세요.

분위기가 피고 측에 유리해지고 있다고 생각한 이대로 변호사는 잠시 숨을 고르고 서희에게 질문을 이어 갔다.

진영
군대가 진을 치고 있는 곳을 말합니다.

이대로 변호사　　사실 원고 측에서 기록을 조금만 더 꼼꼼히 살폈어도 전쟁의 원인이 고려에 있다는 말은 하지 못했을 것입니다. 전쟁의 원인은 다름 아닌 거란의 끊임없는 정복욕에 있었다고 봐야 하지요. 『고려사』에 나오는 기록을 보면 거란은 고려 조정에 "거란이 사방을 통일하고 있는데 아직까지 거란을 따르지 않는 나라는 휩쓸어 없애 버릴 것이니, 속히 항복하도록 하라"는 문서를 보냈지요. 거란을 따르지 않으면 휩쓸어 버린다니 이게 말이 됩니까? 피고, 고려 조정이 이런 문서를 받은 게 사실이지요?

　　이대로 변호사와 서희는 이 대목에서 회심의 미소를 지으며 서로 흐뭇한 눈빛을 주고받았다. 서희는 기다렸다는 듯이 얼른 대답했다.

서희　　네, 분명 그런 문서를 받았습니다.

이대로 변호사　　그리고 원고 소손녕은 고려의 사신 이몽전이 거란의 진영에 갔을 때 빨리 항복할 것을 재촉하면서 "너희 나라에서 백성을 돌보지 않으므로 천벌을 주려 한다"라고 말한 적이 있지요?

서희　　그렇습니다. 당시 고려의 임금인 성종은 고려 왕조의 체제를 정비한 분입니다. 그런 분이 백성을 돌보지 않는다는 것은 있을 수도 없는 일입니다. 원고가 어떻게든 쳐들어올 구실을 찾기 위해 그런 말도 안 되는 말까지 덧붙여 억지를 쓴 것입니다.

이대로 변호사　　잘 알겠습니다. 피고가 보기에도 거란이 전쟁을 일으킨 진짜 목적은 천하를 정복하기 위해서였지요? 그래서 거란에 위협이 될 수 있는 고려와 미리 전쟁을 한 것이고요.

통교
국가나 개인이 서로 사이좋게 지내는 것을 뜻합니다.

서희   네, 그렇습니다. 그래야 나중에 거란이 더 커다란 정복 전쟁을 펼칠 때 주변의 방해를 덜 받게 될 테니까요. 미리미리 불씨를 꺼 두려던 대외 전략으로 판단됩니다.

이대로 변호사   피고는 거란의 선전 포고를 받았을 때, 어떤 생각이 들던가요?

서희   그때 나는 그 문서를 받아 보고 잘만 하면 이 전쟁을 피하고, 오히려 거란의 기세를 꺾을 수도 있겠다는 판단이 섰습니다. 그래서 조정에 "거란과 화의할 수 있는 조짐이 보인다"라고 전달했지요. 그에 따라 고려는 거란과의 전쟁을 준비하다가 다시 화해를 시도하는 것으로 정책을 바꿨습니다.

이대로 변호사   도대체 어떤 근거에서 그런 판단을 내렸나요?

서희   나는 거란이 우리 고려와 무조건 피비린내 나는 전쟁을 하고 싶어 한다고 보지 않았습니다. 단지 뭔가 꿍꿍이가 따로 있는 듯한 느낌을 받았지요. 나는 거란이 우리에게 보낸 문서의 내용 중 "거란을 따르지 않으면 휩쓸어 없앨 것이니 투항하라"는 내용에 주목했습니다. 말 그대로 어떠한 형태로든 고려가 거란과 통교하면 된다는 속뜻이 깔려 있었던 것입니다.

이대로 변호사   아, 역시 예리하시군요. 피고의 냉철한 판단력이 정말 놀랍습니다.

서희   사실 이 문제는 거란과 고려, 두 나라만의 문제가 아니라 동
북아시아 질서에 관한 일이기도 했습니다. 이 점을 잘 이해하는 것
이 무엇보다 중요했지요.

김딴지 변호사   판사님! 저희 원고 측에서도 당시 동북아시아의 국
제 질서를 이끌었던 증인을 모시고자 합니다.

판사   네? 어떤 분이신지요.

김딴지 변호사   모시기 아주 어려운 분이라 힘들었는데, 마침 어제
참석해서 증언하겠다고 연락이 왔습니다. 원고 측 증인으로는 결정

적인 분입니다.

판사   허락합니다.

김딴지 변호사   거란 경종의 황후이자, 성종의 황태후인 승천 황태후 소씨를 증인으로 신청합니다.

원고 측이 승천 황태후를 증인으로 신청하자 법정이 소란스러워졌다. 하지만 과연 증인이 나와서 어떤 말을 할지에 대한 호기심으로 곧 조용해졌다. 잠시 후 거란의 황태후가 위엄 있는 모습으로 재판정에 들어섰다. 하지만 원고 측에 앉아 있던 소손녕은 어딘가 모르게 불편해 보였다.

'헉, 장모님 아냐? 이를 어쩌지? 아직도 나를 미워하시려나······. 그렇다고 불리한 증언을 하시면 안 되는데, 김딴지 변호사는 왜 하필 장모님을 증인으로 신청했을까? 어휴.'

증인으로 나선 승천 황태후는 소손녕의 부인인 월국 공주의 어머니였다. 승천 황태후는 자신의 딸인 월국 공주가 아플 때 아리따운 간병인을 한 명 보냈는데, 이때 소손녕이 이 간병인에게 반했던 적이 있었던 것이다. 공주는 이 사실을 눈치채고 화병이 나서 그만 죽고 말았고, 태후는 그런 사위가 미워 소손녕을 죽이도록 명령했다. 그래서 결국 소손녕은 이렇게 역사공화국의 영혼이 되었던 것이다. 소손녕이 난처해 하는 사이, 승천 황태후는 증인 선서를 마쳤다.

판사   그럼, 원고 측 변호인이 먼저 시작하세요.

김딴지 변호사　증인은 원고와 어떤 관계이지요?

승천 황태후　손녕이는 내 딸 월국 공주의 남편으로, 우리 거란 황실의 사위입니다.

김딴지 변호사　고려와의 전쟁이 있기 직전에 거란의 상황은 어땠나요?

승천 황태후　당시 남편 경종을 대신해 권력을 장악한 나는 천하를 지도에 그려 놓고 전략을 짰습니다. 그런데 976년 송나라에서 태종이 즉위하면서 송나라의 위협이 더욱 커졌어요. 거기다 여진과 고려도 동방에서 성장하고 있었지요. 그래서 나는 송나라와의 전쟁은 뒤로 미루면서 여진과 고려의 문제를 먼저 해결하고자 했고, 이런 전략이 성공을 거두었던 것입니다.

김딴지 변호사　그러니까 당시의 복잡한 국제 정세 속에서 거란과 고려의 충돌은 피하기 힘들었다는 말씀이지요?

승천 황태후　그렇다고 볼 수 있습니다.

판사　그렇다면 증인은 전쟁의 명분에 대해서는 크게 관심이 없었다는 것이군요.

승천 황태후　명분이야 목적에 맞게 만들면 돼요. 복잡하게 생각할 것 없어요.

판사　그렇군요. 양측 변호인, 더 질문하겠습니까? 없으면 증인은 나가도 좋습니다.

　　방청객들은 승천 황태후의 태도에 놀랐다. 시원시원한 성격이 그

대로 나타났지만 왠지 물불을 가리지 않을 것 같은 황태후의 말투에서 위압감이 느껴졌기 때문이다.

이대로 변호사　존경하는 판사님, 아무리 황태후가 증인으로 나와 전쟁이 일어난 것이 시대의 흐름 때문이었다고 둘러댄들, 전쟁의 원인이 거란에게 있었음은 변하지 않는 사실입니다. 판사님! 여기서 우리는 의문을 가질 수밖에 없습니다. 도대체 진실은 무엇일까요? 그래서 당시의 정황을 누구보다도 잘 알고 있으리라 생각되는 분을 통해 이야기를 듣고 싶습니다. 원고 소손녕의 최측근이었던 소장군을 증인으로 신청합니다.

판사　　원고 측 변호인, 어떻습니까? 원고의 최측근을 피고 측의 증인으로 세워도 되겠습니까?

　　소손녕이 김딴지를 불러 귓속말로 그러겠다고 대답했다.

김딴지 변호사　　네, 그러겠습니다.

판사　　그럼 소장군은 증인석으로 옮겨 앉기 바랍니다. 증인 선서해 주시고요.

소장군　　선서! 나는 진실만을 말할 것을 맹세합니다.

이대로 변호사　　증인, 증인 또한 원고와 마찬가지로 거란 황실의 황족입니다. 그런 만큼 거짓 증언을 하는 일은 없으리라 믿습니다. 증인은 왜 거란이 고려와 전쟁을 시작했다고 봅니까? 또 당시 거란은 전쟁을 하면서도 수시로 전쟁 명분을 바꾸기도 했습니다. 그 이유에 대해 말씀해 주셨으면 합니다.

소장군　　거란의 목적은 어떤 형태로든 고려를 굴복시키는 것이었습니다. 그래서 소손녕 장군은 고려에 거란이 80만 대군을 가지고 있다고 큰소리쳤지요. 그리고 고려가 우리 거란의 영토를 침범하고 있어서 이를 막기 위한 것이었다, 고려 국왕이 백성을 돌보지 않고 있다는 등의 얘기를 한 것도 모두 고려를 굴복시키기 위함이었어요. 사실 그렇잖습니까? 전쟁의 목적은 어떤 형태로든 적을 굴복시키고 이득을 얻는 것 아니겠습니까? 거기에 무슨 다른 진실이 필요하겠어요?

이때 김딴지 변호사가 다급하게 판사에게 의견을 조정할 시간을 요구하였다. 판사가 이를 허락하였다.

김딴지 변호사　　아니, 증인! 증인은 소손녕 장군의 최측근이면서 그런 대답을 하면 어떻게 합니까?
소장군　　어허, 나는 거란의 왕족으로서 당시 거란의 입장을 솔직하게 말한 것뿐입니다.

　김딴지 변호사는 당황한 표정을 지었다. 이대로 변호사가 회심의 미소를 지으며 질문을 이어 갔다.

이대로 변호사　　증인의 말을 되짚어 보면, 전쟁의 가장 큰 목적은 고려의 항복을 얻어 내는 것이었고, 명분은 적당히 갖다 붙인 것에 불과하군요.
소장군　　그것은 마음대로 생각해도 상관없습니다. 어쨌든 우리는 목적을 달성했으니까요.
이대로 변호사　　증인, 그렇다면 증인에게 직접 하나 더 확인해 볼 것이 있습니다. 피고 서희와 회담할 때 원고 소손녕 장군이 이런 말을 했다고 하더군요.
　"너희 나라는 옛 신라 땅에서 일어났고 고구려의 옛 땅은 우리나라의 소유가 되었다. 그런데 너희는 어찌 이곳을 넘보고 있는가? 또 우리와 국경을 접하고 있으면서 바다를 건너 송나라를 섬기고 있어

오늘날의 전쟁이 벌어진 것이다. 그러니 고려의 땅을 거란에 바치고 조빙을 해야 무사할 수 있으리라!"

증인, 원고가 이런 말을 한 적 있나요?

소장군 음, 수첩을 한번 살펴보지요. 아, 여기 있군요. 맞습니다.

이대로 변호사 네, 감사합니다. 여기서 드러나듯이 거란이 전쟁을 일으킨 의도는 명백합니다. 첫 번째 계획은 고려를 발해나 정안국처럼 멸망시키는 것이었고, 두 번째 계획은 그게 잘 되지 않으면 문서상의 항복과 국왕의 입조(入朝), 그리고 사대 관계 선언을 받아 내는 것이었습니다. 첫 번째 계획이 실제 원고의 전쟁 목적이었지요. 그러나 이후 전개된 전쟁 상황은 이를 만만치 않게 만들었습니다. 따라서 거란은 다른 전략을 취하게 됩니다. 판사님, 이에 대해 살펴볼 기회를 주십시오.

판사 증인 신문은 이상인가요? 네, 그러면 증인, 증인석에서 내려가도 좋습니다. 그리고 거란의 전략에 변화가 있었고 이를 살펴봐야 하나요? 원고 측 변호인, 피고 측 변호인의 제안에 대해 어떻게 생각합니까? 동의합니까?

김딴지 변호사 예, 좋습니다. 그 부분에 대해 저도 큰 의문을 가지고 있었는데, 속 시원히 풀었으면 합니다.

판사 그럼 좋습니다. 피고 측 변호인, 진행하세요.

소손녕은 왜 서희를
만나려고 했을까?

이대로 변호사　사실 전쟁 초기에는 거란의 의도대로 고려가 위협을 받았지요. 그러나 화해를 통해 시간을 벌고자 한 고려 측의 시도가 성공하면서 거란의 전쟁 전략은 변할 수밖에 없었습니다. 그러나 그 시간은 고려에 혼란을 안겨 주기도 했어요. 고려 조정 안에서 거란과의 전쟁 대책을 세우며 여러 의견이 분분했던 것입니다.

고려 성종 12년(993), 고려 조정에서는 거란 진영에 사신으로 갔던 이몽전이 돌아와, 빨리 항복하지 않으면 고려를 멸망시켜 버리겠다는 거란 측의 엄포를 전해 주었습니다. 고려 조정에서는 대책을 찾느라 논쟁이 벌어졌지요. 어떤 자는 "항복하자"고 하였고, 또 어떤 자는 "서경을 포함한 북쪽 땅을 거란에게 넘겨주고, 고려의 영토를 조금 좁히자"고 했습니다. 결국 성종은 땅을 나눠 주자는 의견을

봉산성
현재 북한의 평안북도 지역에
있던 성입니다.

따를 생각으로 서경을 비우기로 했습니다. 그래서 서경 창고에 있던 미곡을 백성들에게 나눠 주고 마음대로 가져가라 했지요. 하지만 그래도 많은 미곡이 남자 성종은 거란의 군사용 식량이 될까 염려하여 미곡을 대동강에 버리라고 했습니다. 여기서 원고에게 묻고 싶습니다. 원고는 고려 조정에서 이런 분열이 있을 줄 짐작하셨나요?

이대로 변호사가 원고에게 직접 신문하고 나섰다. 재판을 지켜보던 소손녕이 말문을 열었다.

소손녕 그런 것까지 모두 예측하고 있었다면 굳이 전쟁을 선택했겠소? 사실 우리가 원한 것이 바로 고려의 항복이었소. 피 터지는 전쟁은 최후의 수단으로 삼았으면 했지요. 전쟁은 피차 막대한 피해를 안기는 법이니까요. 그래서 사실 고려 측의 항복을 빨리 받아 냈으면 하는 심정이었소.

이대로 변호사 제가 준비한 자료에 따르면 거란군은 고려의 **봉산성**을 점거한 후 더 이상 진격하지 않았다고 합니다. 왜 그랬지요?

소손녕 땅이 마르기 시작하는 8월에 압록강을 넘을 때만 해도 우리는 이 전쟁이 한 달이면 모두 끝나리라 생각했소. 그만큼 초반의 진격 속도는 날아가듯 빨랐으니까. 그런데 봉산성부터 고려의 저항이 시작되었고, 우리는 뭔가 수렁에 빠진 듯한 느낌을 받기 시작했소.

이대로 변호사 어떤 면에서 그랬지요?

소손녕   우리 거란은 유목 민족이오. 그래서 우리 군대는 기본적으로 말을 타는 기병이 중심이 되어 상대편의 항복을 재빨리 얻어 내는 걸 중요시한다오. 그런데 전쟁이 길어지면서 식량이 떨어져 가기 시작했소. 또 우리가 거쳐 온 지역에 있던 고려군이 우리 무리의 뒷부분을 치고 빠지는 식으로 우리를 괴롭혔다오. 최고 사령관으로서 매우 난감한 상황이었습니다만, 차마 내색할 수는 없었소. 흠흠……. 그래서 고려 조정에 과장된 선전 포고를 계속해서 빨리 고려의 항복이나 강화를 받아 내려 했던 것이오.

이대로 변호사   아, 그렇군요. 그런 원고의 전략에 고려 조정이 반

응을 보이기 시작한 것이군요.

소손녕　　그렇소. 그래서 다행이다 싶어 안도의 한숨을 내쉬면서 느긋하게 기다렸다오.

　　소손녕 장군은 아직도 그때의 아찔함이 떠오르는지 찬물을 한 모금 들이켰다.

이대로 변호사　　하지만 그렇다고 해서 고려가 거란의 선전 포고에 겁을 먹었던 건 아닙니다. 단지 신중하게 대책을 준비했을 뿐이지요. 이때 서희가 용기 있게 나서며 말했죠. 일어나 싸우든, 항복하든, 땅을 떼어 주든, 적의 상황을 먼저 파악하는 것이 더 중요하다고 말입니다. 피고, 그렇지요?

서희　　그렇습니다. 그때를 생각하면 사실 아직도 등골이 오싹합니다. 내가 나서지 않았다면 고려의 역사는 달라졌을 테니까요.

이대로 변호사　　그렇다면 피고, 당시 어떤 말을 했는지 정확히 기억이 나십니까?

　　서희는 그 당시의 격정이 떠오르는지 잠시 눈을 감고 회상에 잠겼다. 그러더니 나지막하지만 힘 있는 목소리로 말했다.

서희　　그럼요. 너무나도 또렷하게 기억합니다. 나는 일단 서경 이북의 땅을 포기하고 그곳의 곡물 창고를 거란이 차지하지 못하도록 텅텅 비워 놓자는 의견에 반대했습니다. 그리고 임금께 이렇게 아뢰었지요.

"폐하! 식량이 넉넉하면 성을 지킬 수 있고, 싸움에서 승리할 수도 있습니다. 승부는 병력의 강하고 약한 데 있는 것이 아닙니다. 적의 약점을 알고 움직이면 충분히 이길 수 있습니다. 그런데 어찌 곡식을 버리라 하십니까? 하물며 식량은 백성의 생명입니다. 차라리 적의 군량미가 될지언정 헛되이 강물 속으로 던져서야 되겠습니까? 이는 하늘의 뜻에도 맞지 않는 것이니 중지하여야 할 것입니다."

이 말을 듣고야 폐하께서 곡식을 강물에 버리는 걸 그만두라는 영을 내리셨지요.

이대로 변호사　　그렇군요. 그러면 피고는 어떤 대안을 내놓으셨습니까?

서희　　나는 폐하께 이렇게 말씀드렸지요.

"폐하, 지금 거란이 쳐들어온 것은 그 의도가 고려 전체를 집어 삼키려는 것은 아닐 것으로 판단됩니다. 고구려의 옛 땅을 빼앗는다고 소리치는 것은 사실 우리를 협박하려는 것뿐입니다. 그런데 지금 적군의 수가 많다는 점 때문에 서경 이북의 땅을 그들에게 바로 떼어 주는 것은 좋은 생각이 아닙니다. 더구나 욕심 많은 저들이 한없이 요구한다면 그때도 그대로 다 주시겠습니까? 하물며 지금 땅을 떼어 준다면, 진실로 영원토록 나라의 수치로 기록될 것입니다. 원컨대 임금께서는 도성으로 돌아가시고, 신들이 한 번 더 의논해 본 다음에 대책을 결정하여도 늦지 않을 것입니다."

이대로 변호사 그렇군요. 당시 고려의 국왕 성종도 피고의 의견을 귀담아들었다지요? 그리고 또 바로 여기에 힘을 보태 준 것이 바로 그사이에 벌어진 전투 상황이었습니다. 판사님, 당시 싸움 상황을 확인하기 위해 안용진의 중랑장이었던 대도수를 증인으로 모시고자 합니다.

판사 허락합니다.

이대로 변호사 감사합니다. 판사님! 증인, 앞으로 나와 주시기 바랍니다.

대도수가 증인으로 법정에 출두하자 갑자기 소손녕의 얼굴이 어두워졌고 혼잣말로 불만을 표시하였다. 아마도 당시의 쓰라린 기억이 되살아난 듯하였다.

이대로 변호사 중랑장 대도수, 증인은 전쟁 당시 안용진의 책임자로 있었지요?

대도수 네, 그렇습니다. 안용진에서 우리 고려 군대가 거란의 공격을 필사적으로 막아 냈기 때문에 소손녕 장군은 애가 탔을 겁니다. 하하.

이대로 변호사 증인은 거란군이 왜 무리하게 안용진을 공격했다고 생각하나요?

대도수 사실 멀리 고려까지 싸우러 나온 거란군 입장에서는 시간이 갈수록 불안해질 수밖에 없었습니다. 거란군은 압록강까지는 잘

내려왔지만 더 진전하기 힘겨워 보였어요. 그사이에 고려
군은 거란군을 뒤에서 끊임없이 괴롭혔습니다. 상황이 이
렇게 되자, 거란의 군사들은 이러다가는 무사히 돌아가지
도 못하겠다며 불안해 했습니다.

요새
군사적 목적으로 만든 방어 시
설을 뜻한답니다.

이대로 변호사   그때 거란군은 어떤 식으로 고려군에 대응했나요?

대도수   거란군은 먼저 천연 요새인 살수, 즉 현재 북한의 청천강
을 넘고자 했습니다. 하지만 우리 고려는 매우 단단히 방어 태세를
갖추며 거란군과 맞설 준비를 하고 있었습니다.

이대로 변호사   그때 상황을 좀 더 자세히 묘사해 주시지요.

대도수   우리 고려 지휘부에서는 반드시 거란군이 청천강을 넘지
못하도록 하라고 명령을 내렸고, 우리들 역시 죽기 아니면 살기의
자세로 전투에 임했습니다. 그리고 성안에서 수비만 해서는 안 될
것 같아 거란군이 청천강을 건널 때부터 집요하게 기습 공격을 퍼부
었지요. 결국 그들이 강을 건너오는 것을 용감하게 막아 냈습니다.
하지만 이 말도 해야겠군요. 당시 전투에서 우리가 승리하기는 했지
만, 거란군의 지휘자 소손녕 장군 역시 전장에서 많은 공을 세운 사
람답게 뛰어난 장군이었습니다. 비록 우리 고려군에 의해 포위되었
지만, 그 이후 큰 패배를 당하지 않았으니까요.

이대로 변호사   하긴 그 말씀도 일리가 있네요. 어쨌든 거란군은 안
융진 전투에서 지면서 조금씩 화해의 기미를 보이기 시작했군요. 이
정도로 증인 신문을 마치겠습니다.

판사   원고 측 변호인, 질문할 것이 있나요?

김딴지 변호사   없습니다. 판사님, 저희 측에도 증인을 신청할 기회를 주십시오. 당시 전쟁이 펼쳐지던 상황에 대한 설명이 필요합니다. 발해 왕족의 후예로 당시 싸움에 참여한 대충성 장군을 증인으로 신청합니다.

판사   알겠습니다. 그럼, 증인 대충성은 증인대에 서서 증인 선서를 해 주세요.

대충성   나 대충성은 오직 진실만을 말할 것을 선서합니다!

김딴지 변호사   증인, 증인은 언제부터 거란의 장군이 되었나요?

대충성   나는 926년 발해가 멸망한 해에 태어났습니다. 비록 발해의 핏줄을 갖고 태어나긴 했지만 거란에서 자란 거란 사람이었습니다. 나는 신분의 굴레에서 벗어나기 위해 누구보다도 철저하게 거란 황실을 위해 충성을 다했습니다. 그래서 내 이름이 대충성 아니겠습니까? 하하. 아무튼 나는 여진 정벌 때부터 중용되기 시작했고, 고려와 전쟁이 벌어졌을 때는 스스로 나서서 싸우러 갔지요.

중용
어떤 인물을 중요한 자리 앉혀 특정 임무를 맡게 하는 것을 뜻합니다.

김딴지 변호사   알겠습니다. 증인은 원고에 대해 잘 알고 계시나요?

대충성   그럼요. 보시는 것처럼 소손녕 장군은 황족으로서 인품이 훌륭하고 그릇이 큰 분입니다.

김딴지 변호사   그럼 거란군이 8월에 압록강을 건넌 이후, 원고가 전쟁을 어떻게 수행했는지를 설명해 주실 수 있겠습니까?

대충성   그러지요. 소손녕 장군은 고려로 쳐들어가면서 고려 곳곳을 모조리 파괴하는 짓은 하지 않았습니다. 오히려 소손녕 장군은 약탈을 금지하고 군대의 규율을 엄격하게 세웠습니다. 소손녕 장군의 이런 훌륭한 인품이 아니었다면 아마도 고려는 초반에 개경까지 빼앗겼을 겁니다.

김딴지 변호사　아, 그렇군요. 원고 소손녕의 인품을 생생히 전해 주셔서 감사합니다.

이대로 변호사　잠시만요! 거란은 발해를 멸망시킨 원수인데 증인 은 어떻게 그런 말을 하시나요?

대충성　아니 그럼, 이미 잡초만 남아 있는 발해를 위해, 아님 고려 를 위해 죽을힘을 다해야 하나요? 나에게는 부모 형제가 있고 처자식 이 있습니다. 그런 나를 위해 발해나 고려가 해 준 것이 무엇입니까?

증인으로 나온 대충성이 갑자기 흥분하는 바람에 방청석에서 웅 성거림이 일었다. 이를 지켜보던 판사가 모두를 진정시키며 재판정 분위기를 바꾸었다.

판사　증인이 흥분한 것 같군요. 양측 변호인, 더 질문할 것이 없나 요? 없다면 증인은 내려가도 좋습니다.

김딴지 변호사　판사님, 증인 한 분을 더 신청할까 합니다. 바로 소 손녕 장군의 부하로, 고려와의 전쟁 때 강경하게 싸울 것을 주장했 던 군인, 초토하입니다. 증인의 발언을 참고하면 원고가 고려와의 관계를 평화적으로 해결하기 위해 노력했음을 충분히 알 수 있을 거 라 생각합니다.

판사　네, 그러세요.

판사의 허락이 떨어지자 덥수룩하게 수염을 기른 한 남자가 등장
했다.

김딴지 변호사　　어서 오십시오, 증인. 증인은 원고 소손녕의 부하
중에서 가장 호전적이란 평이 있던데요. 나서는 전투마다 적진을 초
토화시켜 놓는다지요? 그래서 별명도 싸움개라 붙여졌더군요.

대충성　　허헛, 장수가 싸움에 능하다는 것은 명예로운 일이지요.

김딴지 변호사　　맞습니다. 전쟁에서 이기려면 증인 같은 분의 과감
함이 필요하겠지요. 그런데 증인은 고려와의 전쟁에서 원고에게 어
떤 전략을 취할 것을 건의했는지 궁금합니다.

초토하　　난 좀 강하게 밀어붙이는 성격이지요. 시간 끌 거 뭐 있습
니까? 나는 처음부터 우리가 지나는 길목에 있는 모든 고려의 마을
들을 초토화시키고 고려 백성을 전쟁 포로로 끌고 가서 노비로 삼자
고 얘기했지요. 괜히 거란 대국의 넓은 아량을 보여 준답시고 어쭙
잖은 폼을 잡는 것은 어리석다고 생각했지요.

김딴지 변호사　　만일 증인의 의견이 받아들여졌으면 전쟁 결과는
어떻게 되었을까요?

초토하　　결과야 뭐, 뻔하지 않겠습니까? 고려 국왕은 무조건 항복
했을 테고, 거란은 고려를 점령하여 고려에 거란의 통치 기구를 설
치했겠지요.

김딴지 변호사　　그런데 그걸 알면서도 원고는 증인의 말을 따르지
않았군요. 거란은 충분히 그럴 만한 힘이 있었는데도 말이지요. 그

리고 이것은 원고 소손녕이 평화롭게 전쟁을 마무리하기 위해 노력했다는 뜻이기도 하고요.

초토하　맞습니다. 개인적으로 아쉬움이 남는 대목입니다.

김딴지 변호사　알겠습니다. 증인, 어려운 발걸음 해 주셔서 감사드립니다.

판사　증인은 수고하셨습니다.

어느덧 재판이 시작한 지 네 시간이 넘어가고 있었다.

판사　그러면 양측 변호인의 합의로 오늘 재판은 여기까지만 진행하겠습니다. 내일은 마지막 변론이 있는 날이니만큼 양측 변호인은 더욱 철저하게 준비하여 주길 바랍니다. 시간은 13시, 본 법정에서 다시 열도록 하겠습니다. 이상입니다.

땅, 땅, 땅!

고려는 왜 연등회와 팔관회를
다시 거행했을까?

연등회는 석가모니의 탄생일에 복을 빌던 불교 의식입니다. 고려 태조 때는 정월 대보름날 행해졌지요. 팔관회는 토속신에게 제사를 지내며 나라와 왕실의 안녕을 빌던 행사로, 고려의 토착 신앙과 불교, 도교가 혼합된 행사였습니다. 연등회와 팔관회는 987년에 최승로의 건의로 잠시 폐지되었지요.

그런데 고려 시대의 문신 이지백은 성종 12년(993년), 거란군에 대한 대책 회의 때 좀 엉뚱한 의견을 냈습니다. 그는 "국토를 경솔하게 적국에 넘겨주는 것보다는, 다른 나라의 풍습을 본받지 말고 차라리 조상으로부터 전하여 오던 연등회와 팔관회 등의 행사를 다시 거행하는 것이 좋을 것 같습니다. 그리하여 국가를 보전하고 태평을 누리도록 해야 하지 않겠습니까?"라고 하였습니다.

무엇 때문에 이런 얘기를 했을까요? 사실 여기에는 그럴 만한 배경이 있습니다. 고려는 광종과 성종 시대에 중국의 똑똑한 사람이나 문물을 지나치게 많이 받아들이며 고려 문화에 대한 전통과 자긍심을 잃어 갔고, 그로 인해 나약해졌다는 인식이 퍼져 있었기 때문입니다. 그러니까 이지백은 거란군에게 땅을 떼어 주며 항복하자는 주장이 나온 것이 이러한 고려의 자주 정신이 쇠락한 데 있다고 보고, 연등회와 팔관회 등의 행사를 다시 거행하면서 고려의 전통적인 풍습을 계승하자고 말한 것이지요.

다알지 기자

안녕하십니까? 시청자 여러분! 빛보다 빠른 뉴스, 역사공화국 법정 뉴스의 다알지 기자입니다. 오늘 소손녕 대 서희의 두 번째 재판이 열린 한국사법정은 뜨거운 공방전을 치렀습니다. 거란은 전쟁의 원인이 고려에게 있다고 주장하며 이와 관련해 고구려 계승론의 진실을 다뤘습니다. 또 고려가 거란과 전쟁을 하게 되더라도 거란에 사대하지 않으려 한 배경, 그리고 전쟁이 진행되는 과정에서 거란이 협상을 택한 이유 등에 대해 양측의 입장이 엇갈렸습니다. 그럼 이번에는 양측의 두 변호인을 모시고 오늘 재판에 대한 소감을 한번 들어 보겠습니다.

김딴지 변호사

오늘 두 번째 재판은 여러모로 긴장감이
넘쳤습니다. 거란과 고려의 전쟁 중 가장 흥
미로운 부분을 다뤘기 때문이 아닌가 싶습니다.
사실 거란은 당시에 지칠 줄 모르는 기세로 영토를 넓혀 가고 있었으
므로 마음만 먹으면 고려에 큰 손해를 입힐 수도 있었습니다. 하지만
원고 소손녕은 동북아시아 지역의 평화를 위해 최선을 다했습니다. 당
시 전쟁에서 큰 곤경에 처할 뻔한 적도 있었지만 피해를 최소화하며
나름의 성과도 얻었으니 말입니다. 거란은 압록강 연안에서 여진족을
몰아내고 고려와의 국경선을 확실히 정할 수 있었지요. 또 송나라와
고려의 연합을 깨뜨렸으니 고려의 서희만 일방적으로 활약한 것이 아
닙니다. 고구려 계승 문제에 대해서는 원고가 크게 욕심내지 않고 있
으니 그럭저럭 잘 넘어갈 것 같습니다.

이대로 변호사

　　오늘 우리 피고 서희의 멋진 활약을 주요 쟁
점으로 다루며 참 뿌듯했지요. 탄탄한 논리와 말
솜씨를 지녔기 때문에 오히려 변호사인 제가 피고 앞
에서 작아지는 기분이었습니다. 여러분도 모두 들으셨다시피 서희는
거란의 의도를 단번에 파악했습니다. 거란이 고려와의 전면전을 꾀한
것이 아니라, 고려와 송나라의 외교 관계가 끊어지길 바라고 있었다는
사실을 간파하고 가장 합리적이며 평화적인 대응을 했던 셈이지요. 사
실 원고 소손녕은 피고 서희에게 감사해야 할 것입니다. 전쟁이 길어
졌다면 거란군은 오히려 군량미 보급이 끊긴 상황 속에 겨울을 맞이해
서 얼어 죽고, 굶어 죽고, 지쳐 죽었을걸요? 하하.

　　왜 서희는 외교 담판을 했을까?

당시 시대상을 보여주는
고려 시대 유물은 어떤 것이 있을까?

'복'자가 새겨진 활자

12세기 고려에서 만들어진 것으로 보이는 이 유물은 네모기둥 모양의 금속 윗면에 문자나 기호를 볼록 튀어나오게 새긴 활자입니다. 글자는 '덮을 복(覆)' 자이지요.

고려 시대에는 세계에서 최초로 금속 활자를 만들고 실용화하는 데 성공할 정도로 활자 인쇄가 발달했습니다. 특히 고려 우왕 때 청주 흥덕사에서 찍은 『직지심경』은 1377년의 것으로 현재 남아 있는 금속 활자 인쇄본 중 세계에서 가장 오래된 것으로 손꼽힙니다.

거란의 글씨가 새겨진 거울

거란족이 만든 나라가 바로 중국의 '요나라'입니다.
고려에 쳐들어와서 서희와 담판을 벌인 나라이기도
하지요. 사진 속의 유물은 지름 15.7cm로 요나라 때
만들어진 것으로 추정되는 거울입니다. 거울의 뒷면
에는 거란의 글씨가 새겨져 있는 것이 특징이지요.
또한 거울 뒷면 가운데에 조그맣고 동그란 손잡이가
튀어나와 있어 거울을 손으로 들기 쉽게 만들어져 있
습니다.

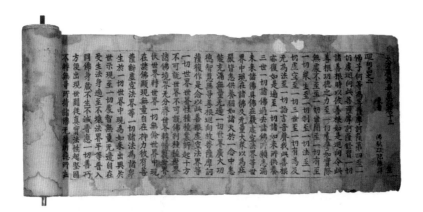

거란의 침입을 막기 위해 만든 『화엄경』

150cm에 달하는 이 유물은 고려 시대 만들어진 『화엄경』입니다. 『화엄경』이란, 불교의 경전으로 석가모니가 깨달은 내용을 그대로 적은 경문이라 볼 수 있습니다. 특히 사진 속의 『화엄경』은 거란의 침입을 막기 위해 만들어진 것으로 보이지요.

서희가 살았던 고려는 송, 요, 금과 같은 중국의 여러 나라와 긴밀한 관계를 맺고 교류하였습니다. 요(거란)나 금(여진)과 초기에는 충돌이 있기도 했지만, 국교가 회복된 이후에는 무역을 하기도 하였지요.

불교를 믿는 나라의 불상

유교를 나라의 국교로 믿었던 조선 시대와 달리 고
려 시대에는 불교를 국교로 믿었습니다. 때문에 불상
도 많이 만들어졌지요. 사진 속 유물은 고려 시대였
던 10세기에 만들어진 것으로 보입니다. 현재 보물
332호로 지정되어 있기도 하지요. 이 유물은 높이가
281.8cm로 크기가 큰 불상에 속합니다.

머리를 장식하는 머리꽂이

여성의 지위가 남성과 크게 다르지 않았던 고려 시
대에는 경제적으로나 문화적으로 진보된 사회였으
므로 장신구의 사용이 많았을 것으로 추측됩니다. 이
중 머리꽂이는 머리에 하는 장신구로 떨잠의 일종입
니다. 사진 속 유물은 머리를 움직일 때마다 조금씩
흔들리도록 가는 금사 위에 칠보 무늬나 박쥐, 꽃, 잎
을 금판에 그려 꾸며 놓은 장신구이지요.

출처: 국립중앙박물관(www.museum.go.kr)

서희는 어떻게 거란의 마음을 돌려놨을까?

1. 진정한 외교의 달인은 과연 누구였을까?
2. 이후 고려는 어떻게 달라졌을까?

1

진정한 외교의 달인은
과연 누구였을까?

법정 개정 시작 10분 전, 스피커를 통해 안내 방송이 흘러나왔다.

"지금부터 한국사법정에서는 소손녕 대 서희의 세 번째 재판이 열릴 예정입니다. 원고 측과 피고 측은 모두 자리에 앉아 주시고, 법정에 참석하여 역사의 증인이 되고자 하는 분들께서도 지금부터 입정해 주시길 바랍니다."

곧 법정은 사람들로 가득 찼다. 판사가 재판정 안으로 들어오며 재판이 시작되었다.

판사 　오늘 재판에서는 거란과 고려를 각각 대표했던 원고와 피고가 직접 만나 무슨 얘기를 나눴는지를 살펴보고, 과연 지금까지 알려진 것처럼 당시의 협상이 서희의 일방적인 승리였는지를 짚어 보

고구려의 상징이자 신화 속 새인 삼족오

도록 하겠습니다. 원고 측, 피고 측, 모두들 오셨지요. 오늘
도 무리 없이 잘 진행해 주길 믿겠습니다. 그럼 먼저 원고
측에서 발언을 시작하세요.

삼족오
삼족오는 고대 신화에 나오는 상
상의 새입니다. 태양 안에서 살
며 발이 세 개 달렸다고 합니다.

김딴지 변호사　　네, 판사님. 당시 전쟁이 일어났을 때의
상황은 원고의 설명을 직접 듣는 것이 좋을 것 같습니다. 원고, 거란
과 고려의 전쟁이 터졌을 때의 상황을 자세히 말씀해 주시겠어요?

소손녕　　우리 거란이 전쟁을 위해 압록강을 건넌 것은 993년 8월
이었소. 사실 우리가 전쟁을 일으킨 데에는 나름대로 굉장한 자신감
이 있었기 때문이었소. 왜냐하면 그 이전 해에 우리 거란에 행운이
라 여겨지는 일들이 많이 나타난 것이오. 예를 들면 **삼족오(三足烏)**
를 잡아 황제에게 바쳤던 일이 있었소.

김딴지 변호사　　앗, 삼족오라면 고구려의 상징이 아닙니까?

소손녕　　맞소! 그런 삼족오를 잡았으니 명실상부하게 우리 거란
이 고구려의 옛 땅과 정기를 모두 차지할 것이라는 징조가 아니었겠

소? 그러니 내 기분이 어떠했겠습니까? 허허.

이대로 변호사   판사님, 원고의 이 얘기는 본 법정과 직접적인 관련이 없습니다. 쓸데없는 얘기를 끌어내는 원고에게 주의를 줄 것을 요청합니다.

김딴지 변호사   무슨 말씀이십니까? 본 법정에서 중요한 쟁점 중의 하나가 고구려 계승의 정통성 문제입니다. 그와 관련하여 삼족오 얘기를 한 것이니 원고의 발언은 문제가 없다고 봅니다.

판사   네, 두 분 변호인의 입장을 잘 알겠습니다. 원고의 발언은 원고의 소송 취지와 관련된 내용을 담고 있으므로 원고는 계속 진술하기 바랍니다.

소손녕   그런데 재판 둘째 날에도 언급되었듯이, 고려로 쳐들어가는 일이 예상만큼 쉽게 풀리지 않았소. 그동안 내가 너무 자만했던 건 아닌지 반성해 보기도 했소. 하지만 아무런 성과나 대책 없이 물러날 경우 나 자신이 황제와 황태후에게 큰 처벌을 받을 수 있었고, 또 내 자존심이 허락하지 않았다오. 결국 나는 전략을 바꿔야 했소. 그래서 우리도 약간의 공격을 하는 척하면서 고려 측의 반응을 살폈고, 또 빨리 항복하라고 고려를 압박했던 거요. 그 결과 예상했던 것보다 빨리 고려를 협상 테이블에 끌어들였고, 협상의 주도권을 우리가 쥘 수 있었던 것이라오.

김딴지 변호사   그렇군요! 협상의 주도권을 쥐기 위해 원고가 했던 일들을 말씀해 주시겠습니까?

소손녕   몇 가지가 있었다오. 우리가 안융진을 치다가 실패했다는 것은 사실이오. 난감해진 우리는 전쟁을 길게 끄는 것이 부담스러워져서 계속해서 고려 조정에 빨리 항복하라는 압박을 가했다오. 고려측에서는 저기 피고석에 있는 서희를 중심으로 우리가 무엇을 의도하고 있는지를 알아차린 것 같았소. 그래서 저들이 우리의 속마음을 다 파악하기 전에 먼저 협상의 주도권을 쥘 수 있도록, 좀 더 서두르기 시작했던 것이라오.

김딴지 변호사   호오, 원고의 전략이 실로 대단했군요?

소손녕   그래서 내가 무슨 일을 했는지 아시오?

김딴지 변호사   글쎄요. 어떤 일을 하셨나요?

소손녕   나는 먼저 우리 군영에 찾아온 장영이라는 고려 사신을 맞이했다오. 그런데 그는 종4품 정도의 낮은 관직을 갖고 있었지. 고려 조정의 높은 신하라 할 수 없었던 것이오. 그래서 나는 이걸 구실로 잡은 것인데, 사실 이건 고려 국왕이 그 빌미를 제공한 거나 마찬가지였소. 고려가 이번 협상에 허술하게 대응하고 있다는 인상을 주기에 충분했으니까. 그래서 그를 돌려보내면서 책임 있는 대신을 보내라고 호통을 치며 기선 제압을 꾀하였다오.

김딴지 변호사   그래서 고려에서는 어떻게 반응했나요?

소손녕   장영을 돌려보내니 고려에서는 그제야 저기 앉아 있는 피고 서희를 보내더이다. 사실 고려 조정에서 아무도 감히 나서서 나와 맞서겠다고 하는 자가 없었다지요? 참으로 우습지 않습니까? 외교술과 언변으로 협상을 이끌어 나라를 구할 사람이 없다는 점 때문에 고려의 왕이 한참이나 걱정했다니 말이오. 허허.

이대로 변호사　　이의 있습니다. 당시 고려 조정에서는 신중하고 또 신중하게 조정을 대표할 사신을 뽑은 것이므로 그렇게 함부로 판단하는 것을 삼가 주시길 바랍니다.

소손녕　　흠, 그러지요. 어쨌든 나는 그가 과연 어떤 사람인가를 확인해 보고 싶었소. 그래서 서희에게 "나는 대국의 귀인이니 고려의 서희는 마땅히 뜰에서 내게 절을 하며 인사를 올려야 한다"라고 큰소리를 한번 쳐 봤소. 그런데 서희는 송나라에까지 사신 대표로 다녀온 적이 있어서인지 뭔가 다르긴 다르더군요.

김딴지 변호사　　피고 서희가 원고에게 뭐라 했는지요?

소손녕   서희는 앞서 왔던 장영과 달리 당당했습니다. 그는 통역을 시켜 "신하가 군주를 대할 때에는 그러한 예를 갖출 수 있겠으나 두 나라의 대신이 만나는 자리에서야 어찌 그럴 수 있겠는가?"라고 하는 것이었소. 하지만 나는 내가 더욱 강경하게 나가면 서희가 제 풀에 꺾여 깍듯이 인사를 할 것이라고 생각했소.

김딴지 변호사   피고, 그때 피고는 어떤 생각이었습니까?

서희   나는 차분히 생각을 가다듬어 보았지요. 그리고 고려보다는 거란의 사정이 더 급할 것이라고 판단했습니다. 북쪽에서 차가운 바람과 눈보라가 몰아치는 겨울이 다가오고 있었기 때문이지요. 나는 저들에게 기죽지 말고 대범하게 행동하자며 스스로에게 계속 다짐했답니다. 그래서 빨리 협상하라는 조정의 재촉에도 불구하고 숙소에 들어와 움직이지 않았습니다. 거란이 어떻게 나오나 보려고 했지요. 또 그래야만 협상의 자리에서 우리가 의도하는 바대로 주도권을 쥘 수도 있다고 생각했습니다.

김딴지 변호사   그럼 원고는 어땠나요?

소손녕   나 역시도 속으로는 초조했소. 더 이상 시간을 끌면 곤란하다는 판단을 내렸소. 그래서 서희의 의견에 수긍하는 척하면서 상견례 절차에 합의했다오. 사실 서희의 말이 틀린 것은 아니었소. 왜냐하면 고려와 거란 간에는 어떤 외교 관계가 맺어진 상태가 아니었기 때문이었지. 오히려 적대적인 관계였다고 보는 게 맞을 거요.

김딴지 변호사   그렇군요. 그럼 원고는 그렇게 만난 서희에게 어떤 말을 했지요?

소손녕   그렇게 우리는 회담을 시작했습니다. 그때 나눈 대화는 사실 고려 국왕에게 이미 편지로 보낸 적이 있는 내용이긴 했소. 그래서 서희를 만났을 땐 우리가 원하는 바에 대해 아주 직설적으로 말하고 싶었소. 나는 주먹으로 책상을 탕탕 내리치면서 이렇게 큰소리쳤다오.

"너희 나라는 옛 신라 땅에서 일어났고 고구려의 옛 땅은 지금 우리가 차지했다! 어째서 너희 나라는 이를 침범하는가? 또 우리와는 국경을 접하고 있으면서 어찌하여 바다 건너 송나라를 섬기고 있는가? 그렇기 때문에 이번 정벌이 있게 된 것이다! 하지만 만약 땅을 떼어 바치고 우리와 교류한다면 무사할 것이다!"

이렇게 말이오. 하지만 서희는 눈 하나 깜짝하지 않았소.

소손녕이 전쟁 당시처럼 우렁차게 말하자 방청석에는 긴장감이 감돌기 시작했다. 방청석에 앉은 사람들은 손에 땀을 쥐었다.

이대로 변호사   존경하는 판사님! 당시 원고의 저 발언에 피고가 어떻게 답변했는지는 피고가 직접 진술할 수 있도록 해 주십시오!

판사   허락합니다.

이대로 변호사   감사합니다. 피고, 피고는 원고 소손녕의 발언에 어떻게 대응하셨나요?

서희   그 말을 듣고 난 기가 막혔습니다. 하지만 겉으로는 침착한 얼굴빛을 유지하려 애썼지요. 그러고는 소손녕의 말에서 허점을 찾아내기 위해 부지런히 머리를 굴렸답니다. 그런데 가만 보니, 소손녕은 우리 고려가 신라 땅에서 일어났고, 자기들 거란은 고구려의 옛 영토를 소유하고 있다 했습니다. 고구려를 계승하였다는 표현이 아닌, '고구려의 옛 영토를 소유하였다'고 한 것이지요. 나는 이 점을 먼저 반박하기로 했지요. 그래서 우리 고려는 고구려를 계승한 나라이며, 국호도 고려라 부르고 서경을 나라의 수도 중 하나로 정하였다고 설명했습니다.

이대로 변호사 그렇군요. 이 부분은 앞서도 질의가 오갔던 내용이기도 합니다. 원고와 피고가 마주한 그 자리에서 두 분이 직접 논쟁을 했었군요? 사실 민족과 국호, 수도, 문화 등을 따지고 보면 피고의 주장이 더 옳다고 볼 수 있겠네요?

이때 소손녕이 발끈하고 자리에서 일어섰다.

소손녕 어이, 변호사 양반! 그렇게 말하면 섭섭하지! 우리 거란은 고구려의 옛 땅 대부분을 소유했을 뿐만 아니라 오히려 더 넓은 영토를 차지했다오. 또 거란이 고구려를 계승한 나라였기 때문에 발해도 흡수했고, 정안국도 멸망시킨 거요. 대체 이 얘길 몇 번이나 또 해야 합니까? 이런 답답한 사람들 같으니…….

잃어버린 고구려의 영광을 되찾은 거란을 그렇게 평가해서는 안 된다고 봅니다. 실제 고구려 땅에 살고 있던 게 누굽니까? 고려요, 거란이오? 바로 우리 거란이란 말이오! 따라서 고려가 고구려를 계

승했다는 주장은 현실에서 동떨어진 따분한 얘기지. 그렇지 않습니까?

판사　원고는 신성한 법정에서 예의를 갖추고 진정할 것을 요청합니다.

소손녕　그때 내가 서희에게 고구려 얘길 꺼냈던 것은 그냥 고려의 생각을 한번 떠보려는 속셈도 있었고, 또 우리 거란에 앞서 요동과 만주를 지배하는 동시에 강대국 수나라와 당나라에 맞서 승리를 거둔 적이 있는 위대한 고구려의 역사에 관심을 가졌기 때문이기도 했소.

판사　잘 알겠습니다. 그래서 이후 회담은 어떻게 진행되었나요? 피고 측에서 설명해 주시겠습니까?

이대로 변호사　네, 판사님. 다음 쟁점은 영토 침범과 관련한 것이었습니다. 앞서도 이 부분에 대해 언급을 했습니다만 한반도 쪽으로도 땅을 넓히려던 거란과 북진 정책을 추진하며 위로 올라가던 고려의 충돌은 피할 수 없는 운명적인 것이었습니다. 그래서 영토와 관련된 갈등은 쉽게 풀리지 않을 것이 뻔하기 때문에 피고는 새로운 의견을 내놓으셨습니다. 피고, 직접 말씀해 주시겠습니까?

서희　그럽시다. 사실 이때만 해도 압록강 주변의 땅이 모두 우리 고려 땅이 되어 가고 있었어요. 그런데 이런 주장만 내세웠다가는 회담이 진행되지 못했겠지요. 그래서 나는 원고 소손녕에게 한 가지 사실을 이해시키려 했습니다.

이대로 변호사　그게 뭐였죠?

서희　바로 거란과 고려 사이에 있는 여진에 관한 것이었지요. 몰래 압록강 주변을 차지한 여진이 양쪽 나라에 잘못된 정보를 흘리면서 갈등을 일으켰다는 것이지요. 또, 여진 때문에 고려가 거란과 쉽게 교류할 수 없었다는 점도 들었고요. 따라서 여진이 없어진다면 양국의 국교가 잘 통할 수 있을 거라고 한 것입니다.

이대로 변호사　아, 역시 피고는 예리한 부분을 짚어 내셨군요!

소손녕　뭐가 예리합니까? 툭하면 꺼내는 여진 핑계를 또 듣자니 난 하품이 나올 지경이었소!

서희　오늘 소손녕 장군께서는 상당히 거드름을 피우시는 군요? 내 말 한마디 한마디에 꿀 먹은 벙어리가 되어 가던 모습을 여기 모인 사람들이 봤어야 하는데……. 흠, 어쨌든 나는 이렇게 원고에게 결정적 해결책을 제시했습니다.

"압록강 안팎은 우리 고려의 땅인데 여진이 도적질하여 차지하고 있다. 만일 여진을 내쫓고 옛 땅을 회복하여 거기에 성을 쌓고 길을 통하게 한다면, 우리 고려가 어찌 거란과 국교를 맺지 않겠는가? 또한 장군이 나의 의견을 황제에게 전하면 황제가 어찌 받아들이지 않겠는가?"

이 말에 원고의 얼굴이 활짝 펴지던 것을 나는 분명히 보았지요. 하하!

이 말이 나오자 방청객들이 흥분을 참지 못하고 들썩였다.

"와아! 역시 서희! 정말 명장면이 따로 없네."

"그러게 말이야. 서희는 국제적인 인재였어!"

서희는 자신이 생각해도 좀 뿌듯한지 양어깨를 활짝 펴고 싱긋 웃어 보였다.

이대로 변호사 그래서 그때 피고의 제안에 원고는 어떻게 대응하던가요?

서희 그랬더니 소손녕은 기다렸다는 듯이 이 제안을 거란의 황제에게 알렸고, 황제는 이를 승낙하고 전쟁을 멈출 것을 명령했다더군요. 그리고 양국은 ▶고려가 여진을 몰아내고 강동 6주를 차지하는 데 합의했습니다. 우리 고려는 하마터면 거란과 피비린내 나는 전쟁을 치를 뻔했지만, 소손녕과 나의 협상 덕에 전쟁의 부담에서도 벗어나고, 또 땅까지 얻은 셈이 되었지요. 이런 게 바로 손 안 대고 코 푼 격이라고 할 수 있겠지요.

이대로 변호사 역시 대단하십니다. 그렇다면 원고 소손녕과의 담판에서 피고의 의견이 전부 반영되었다고 할 수 있겠네요.

서희 그렇지요. 거란군을 아예 없애 버리지 못한 것은 아쉬웠지만 이만하면 큰 성과였지요. 소손녕과의 담판을 성공리에 마치고 돌아가는 길에는 정말 만감이 교차하더군요. 나라 걱정으로 얼굴에 항상 근심이 가득하던 폐하 생각을 하면 눈물이 나곤 했는데, 정말 한시름 놓은 셈이 되었답니다.

이대로 변호사 그렇다면 고려 조정에서도 매우 기뻐했겠는데요?

서희 네. 이 소식을 전해 들은 폐하께서는 강가에까지 친히 나오셔서 내가 탄 배를 환영해 주셨지요. 그러고는 나를 보시자마자 내 손을 덥석 잡으셨답니다. 아, 내 인생에서 그토록 뿌듯하던 순간은 또 없었지요!

서희는 회상에 잠긴 듯 먼 곳을 바라보며 말을 잇지 못했다.

김딴지 변호사 이의 있습니다! 겉으로 보기에 협상 테이

교과서에는

▶ 고려는 서희의 외교 담판 덕택에 강동 6주를 회복하면서 영토를 압록강 유역까지 확대합니다. 거란은 나중에 이곳이 전략적 요충지임을 깨닫고 반환을 요구했으나 고려는 거절했지요.

블의 주도권은 마치 피고 서희가 쥐고 있었던 것처럼 보이지만, 고려만 일방적으로 이익을 얻고 거란이 무조건 양보한 것은 아니었습니다.

소손녕　　그렇소! 거란도 어쨌든 위기의 상황을 벗어나 기대했던 성과를 어느 정도는 얻을 수 있었소. 고려가 거란에게 **칭신사대**(稱臣事大)를 하게 되었고, 압록강을 경계로 국경이 확정되었고, 고려에게 여진 문제를 떠넘길 수 있었소. 원래 계획만큼은 아니라도 차선책은 이루었던 것이오.

이대로 변호사　　뭐, 그런 점도 있었다고 칩시다. 그렇지만 결과적으로 피고 서희가 원고와의 협상을 통해 전쟁을 끝내고 거란군을 물러나게 했다는 점, 그리고 압록강 지역에 대한 고려의 지배권을 얻는 등의 성공을 거두었다는 점을 인정하시나요, 원고?

소손녕　　그건 인정하오. 협상을 통해 나온 결과이고, 황제의 승인까지 받은 것이었소.

이대로 변호사　　답변 감사합니다.

판사　　잘 들었습니다. 그렇다면 이제 피고 서희와 원고 소손녕의 외교 담판 이후의 상황이 어떻게 바뀌었는지 다뤄 보도록 하겠습니다.

칭신사대
신하라 칭하고 임금으로 섬긴다는 뜻입니다.

2

이후 고려는
어떻게 달라졌을까?

이대로 변호사　　판사님, 피고 서희에게 질문하겠습니다. 피고는 거란과의 협상 이후 강동 지역에 성을 쌓으며 수비를 강화하는 데 힘을 기울였던 것으로 알고 있습니다. 거란과의 전쟁이 끝난 직후 당시의 상황은 어땠나요?

　　이대로 변호사의 질문에 서희의 눈가가 붉어지는 듯했다. 이내 서희가 눈물을 흘리자 판사를 비롯한 양측 변호인, 그리고 방청객들이 의아한 듯 서희를 지켜봤다. 법정은 숙연한 분위기가 감돌았다.

서희　　흑흑……. 내 일생에 가장 아쉬웠던 때가 바로 이때였습니다. 내가 돌아온 뒤 우리 폐하께서 또다시 전쟁이 일어날까 우려하여 곧바로 거란에 사신을 보내 교류를 시작했기 때문입니다.

이대로 변호사   국왕 성종께서 피고의 생각보다 훨씬 빨리 거란과 교류하려 했다는 것이군요.

서희   그렇지요. 그때 나는 국왕에게 이렇게 얘기했어요.

"제가 소손녕과 약속하길, '여진을 물리치고 고려의 옛 땅을 회복한 뒤에 국교를 통하자'라 했는데, 지금은 겨우 강 안쪽을 회복한 것에 불과하고 강 저편의 땅까지 회복하지는 못했으니 그때를 기다려서 조빙해도 늦지는 않습니다."

김딴지 변호사   이의 있습니다! 고려의 임금으로서 그건 당연한 조

치였습니다. 자칫 거란의 심기를 건드렸다가는 발해처럼 고려도 멸
망의 길로 갈 수 있었기 때문이지요. 오히려 피고의 주장대로 했다
가는 고려가 위험에 놓일 수도 있었습니다. 이렇게 본다면 고려의
국왕 성종의 판단이 옳았다고 여겨집니다. 피고, 그렇지 않나요?

서희　　전혀 그렇지 않습니다. 내가 볼 때 앞으로 거란은 송나라와
전면전을 펴야 했기 때문에 고려 쪽에 신경을 많이 쓸 수 없었습니다.

김딴지 변호사　　하지만 피고의 생각은 막연한 추측에 불과하다 여
겨지는데요. 피고의 말대로 실천된 것은 전혀 없었으니까요.

서희　　뭐라고요?

김딴지 변호사　　피고의 말대로 압록강 건너편의 땅까지 고려가 회
복했다고 칩시다. 그러면 고려는 거기에서 딱 멈추고 거란과 평화적
인 관계를 맺을 수 있었겠습니까? 아마도 거란에서는 고려가 상당
히 신경이 쓰일 수밖에 없고, 고려를 막기 위해 다시금 전쟁을 일으
킬지도 모르지요.

서희　　우리는 약속을 지킬 줄 아는 사람들입니다.

김딴지 변호사　　약속이라고요? 나라 사이의 이익이 서로 충돌할 때
약속이 중요할까요, 자기 나라의 이익을 확보하는 것이 중요할까요?
거란과 고려가 언제까지나 평화를 유지할 거라고 장담할 수 있었겠
습니까?

서희　　하긴 그게 꼭 틀린 말은 아닙니다. 그래서인지 성종께서도 결
국 이렇게 말씀하시더군요. "오랫동안 왕래가 없으면 또 무슨 안 좋은
일이 생길까 염려해 사신을 보내는 것이다"라고요. 그런데 994년 2월

에 소손녕이 먼저 손을 쓰더군요. 그는 사신을 통해 편지를 보내왔습니다.

소손녕 잘 말씀해 주었소, 피고. 나는 황제의 명을 받들어 고려에 편지를 보냈지요. 황제께서는 이렇게 말씀하셨습니다.

"거란과 고려는 일찍부터 국교를 통하고 국경 지역이 서로 맞닿아 있었다. 비록 작은 나라로서 큰 나라를 섬길 때는 본래 법규와 의식이 있지만, 처음부터 끝까지 잘하려면 모름지기 오래 지속할 방법을 찾아야 한다. 그러니 미리 준비하지 않으면 사신의 왕래가 중간에서 방해를 받을까 염려되니, 고려와 의논하여 곧 길목에 성을 쌓도록 하라."

그래서 나는 황제의 명을 받들어 고려에게 두 나라 사이에 성을 쌓고 말과 마차를 다니게 하여 교류의 길을 열고 우리 거란을 받들어 평화를 지키라는 내용의 편지를 보냈지요.

김딴지 변호사 제가 이에 대한 보충 설명을 덧붙이겠습니다. 그 후 고려는 거란을 예전에 송나라를 모시듯이 예를 갖춰 섬겼지요. 이를테면 사신을 보내온 것이나 거란의 **연호**를 쓰기 시작한 것 등이 그 증거일 것입니다. 이래도 당시 외교 담판이 서희의 일방적인 승리였다고 말할 수 있습니까? 고려의 왕은 끝내 거란의 왕을 직접 찾아와 예의를 갖추지 않았습니다. 하지만 거란은 대국의 아량으로 이를 그냥 넘겼습니다. 이 모든 것이 거란이 평화를 사랑하는 마음을 가졌기 때문이지요.

연호

연호란 그 시대에 통치하는 왕을 기준으로 연도를 표기하는 방법입니다. 예를 들어 신라 진덕 여왕의 연호는 태화인데, 진덕 여왕이 공주에서 왕으로 즉위한 때를 태화 1년이라 했습니다.

이대로 변호사　흥, 글쎄요? 거란이 평화를 사랑했다니 어이가 없어서 말이 안 나옵니다. 고려는 거란이 믿을 만한 나라가 아니라는 걸 잘 알고 있었습니다. 그래서 거란과 다시 한 번 전쟁을 치를 준비를 했던 것으로 알고 있습니다. 이런 내용에 대해 피고께서 정리해 주시겠습니까?

서희　고려는 처음에는 거란을 방어하여 다시는 전쟁이 일어나지 않도록 하는 데 신경을 썼습니다. 회담이 끝나고 소손녕의 서신이 온 뒤 나는 군사를 이끌고 여진을 쫓아내는 데 성공했습니다. 그리

　왜 서희는 외교 담판을 했을까?

고 장흥과 귀화에 진을 쌓고 곽주와 구주에 성을 쌓았습니다. 또한 군사를 이끌고 안의, 흥화에도 성을 쌓았으며, 이듬해(996년)에는 선천과 맹주에 성을 쌓았습니다. 소위 말하는 강동 6주, 혹은 강동 8성을 쌓은 것이지요. 이제 거란과 여진에 대한 방어 체계는 대략 완성된 것이지요.

이대로 변호사 그런데 994년 『고려사』 기록을 보면, 좀 이상한 대목이 나오더군요. 좀 느닷없다고나 할까요? 고려가 송나라와 힘을 합쳐 거란을 치려는 장면이 있거든요. 이에 대해서도 좀 설명해 주시겠습니까?

서희 네. 그런 시도가 있었던 것은 사실입니다. 하지만 흐지부지되고 말았지요. 기록에는 잘 나타나 있지 않지만, 나는 거란에 대해 부드러운 태도를 보이면서 동시에 언젠가는 반드시 거란의 코를 납작하게 해 줘야 한다고 주장했습니다. 그래서 담판을 이룬 이듬해인 994년 6월, 송나라에 사신을 보내 군대를 요청하여 복수전을 펼치려 했던 것입니다. 이에 대해 우리 국왕께서도 동의를 하였지만 원통하게도 송나라는 우리 고려의 요청을 거절했답니다. 송나라 측에서 북쪽 지역이 지금 겨우 평화로워져 군대를 보낼 필요가 없겠다고 하는 바람에 나의 복수 계획은 취소되고 말았지요. 그래서 조정 회의를 거쳐 결국 송나라와는 국교를 끊기로 결정을 내렸습니다.

소손녕 꼴좋소! 송나라하고 손잡고 우릴 치려 했다니, 흥! 고려와 송나라가 그렇게 엇박자가 나는 틈을 타 우리 거란은 점점 더 성장해 나갔던 거요.

서희와 소손녕이 서로를 날카롭게 노려보았고 순간 법정 안에는 긴장이 흘렀다. 이때 김딴지 변호사가 서류를 뒤적이며 일어났다.

김딴지 변호사　존경하는 판사님. 994년, 송나라와 군사 동맹을 맺으려는 시도가 실패로 돌아가자 결국 고려는 거란과 더 가까이 지내기 위해 노력했습니다. 거란에 대한 외교 전략을 바꾼 셈이었지요. 고려는 정말 여기 붙었다, 저기 붙었다 했어요. 심지어는 거란 황족인 소손녕, 즉 여기 앉아 계신 원고의 딸을 고려 왕실로 맞이하면서까지 말입니다.

판사　거란 황실과 고려 왕실이 혼인을 맺었다는 뜻입니까?

김딴지 변호사　그렇습니다. 원고는 딸을 고려의 국왕에게 시집보내야 한다는 명을 들었을 때 어떤 기분이 들었습니까?

소손녕　황제와 황태후의 명이니 나는 따를 수밖에 없었소. 그렇게 해서라도 고려를 다독여야 했으니까 말이오. 하지만 전쟁터를 돌아다니느라 제대로 얼굴 볼 새도 없었던 딸을 시집보내야 하는, 더욱이 멀리 타국으로 보내야 하는 아비의 심정이 어땠겠소? 안타까울 따름이었소.

판사　잘 알겠습니다. 그래서 이후, 거란과 고려의 관계는 좋아졌나요? 고려 측의 말을 듣고 싶은데, 원고 측 변호인, 설명해 주겠습니까?

이대로 변호사　네, 판사님. 제1차 여요 전쟁이 서희와 소손녕의 외교 담판으로 일단락된 이후, 거란과 여진은 두 차례 더 전쟁을 치렀습니다. 거란은 호시탐탐 기회를 엿보다가 고려의 왕위 계승 문제를

펑계 삼아 1009년에 2차 침입을 일으키죠. 이때 개경이 함락되기도 했지만 양규가 이끄는 고려군이 분발하여 거란군을 격파했습니다. 하지만 거란은 얼마 지나지 않아 또 고려를 침입했습니다. 이때 고려의 강감찬 장군이 나서서 소배압이 이끄는 거란군을 전멸시켰는데 이것이 1019년에 있었던 귀주대첩이지요.

이후 두 나라는 전쟁을 중단하고 강화를 맺은 후 사신을 교환했습니다. 원고 측에서는 자꾸 고려의 대외 전략을 비아냥거리는데, 고려는 시대의 변화에 맞게 신중히 대응했던 것뿐입니다. 이러한 고려 측의 노력으로 두 나라의 사이는 어느 정도 안정되었다고 볼 수 있었지요. 게다가 거란은 이후 최고의 전성기를 누린 것으로 보이고요. 여기에 고려의 덕도 있지 않았겠습니까? 거란과 고려의 관계가 개선됨으로써 거란이 더욱 성장할 수 있었던 거지요. 그리고 거란은 비록 고구려 옛 땅을 차지하고 있기는 하지만 고구려의 역사를 계승한 나라는 다름 아닌 고려라고 인정한 것으로 보입니다. 그 외에 영토 문제와 조빙 문제 역시 일단락되었습니다. 피고 서희가 원고와의 외교 담판에서 훌륭히 활약한 덕분이지요!

김딴지 변호사 　존경하는 판사님! 원고 소손녕의 대범하고 호탕한 성품과 현명한 상황 판단이 당시 동북아시아의 평화에 이바지했다는 사실을 낮게 평가하시면 안 됩니다. 그때 우리 원고의 탁월한 전략과 상황 대처가 없었더라면 거란과 고려, 양쪽 나라는 전면전으로 치달았을 것입니다. 그런 면에서 보면 원고 소손녕이 상당한 양보와 배려를 했다 하겠습니다.

판사 　자자, 두 분 변호인, 진정하세요. 각자의 주장이 계속해서 날카롭게 대립하고 있군요. 충분한 설명을 들었으니 이번 재판을 제기한 이유에 대해 양측이 합의할 수 있는 부분이 있을 것으로 판단합니다. 역사 왜곡 문제와 관련해서는 이번 법정을 통해 그동안 주목받지 못했던 사실들이 나타나기도 했습니다. 이제 이번 재판의 결론을 이끌어 내는 데는 무리가 없을 듯합니다. 두 변호인 생각은 어떠신가요?

김딴지 변호사 　네, 받아들이겠습니다.

이대로 변호사 　아직도 할 말이 많습니다만, 지금까지의 내용만으로도 피고 서희의 입장이 충분히 전달되었으리라 봅니다. 부디 판사님의 현명한 판단이 내려지기를 기대합니다.

판사   그러면 양측 모두 동의한 것으로 알겠습니다. 자세한 내용은 판결을 통해 대신하겠습니다. 지금까지 원고, 피고 모두 열띤 공방을 벌이면서도, 성실하고 비교적 차분하게 재판에 임해 주셔서 감사합니다. 잠시 후에 원고와 피고의 최후 변론을 들은 뒤 배심원의 의견을 모아 심사숙고해서 공정한 판결을 내리도록 하겠습니다. 감사합니다.

땅, 땅, 땅!

거란과 고려의 외교 관계

고려와 거란은 제1차 여요 전쟁 이후 994년부터 정식으로 국교를 수립하고, 고려는 거란과 사대 관계를 맺습니다. 마치 당나라에 대해 신라가 사대했던 것과 마찬가지였지요.

그런데 고려와 거란의 관계는 조금 달랐습니다. 고려와 거란은 크고 작은 전쟁을 여섯 차례나 벌였지만 거란은 일방적인 승리를 거두지 못했습니다. 그나마 제2차 여요 전쟁이 거란이 유일하게 승리한 전쟁이긴 했습니다. 그래서 두 나라 사이에 사대 관계가 맺어졌음에도 불구하고 거란은 고려를 함부로 대할 수 없었지요.

그 이후 고려와 거란은 장기간 평화적인 관계를 지속했고 사신을 교환했습니다. 눈에 띄는 것은 거란에서 고려에 사신을 보낼 때 양을 비롯한 많은 선물을 보내온 것입니다. 또 고려 국왕의 생일 때도 사신을 보내 축하를 했고요. 이러한 사신단 파견 양상은 기존의 사대 관계에서는 찾아볼 수 없는 것입니다.

다알지 기자

시청자 여러분, 안녕하세요? 저는 지금 소
손녕 대 서희의 세 번째 재판이 막 끝난 한국
사법정 앞에 나와 있습니다. 오늘 마지막 재판에서
는 '전쟁의 진정한 승자는 누구였을까?'라는 주제를 중심으로, 협상 테
이블의 주도권은 누구에게 있었는지, 그리고 협상 이후 거란과 고려
의 관계는 어떻게 바뀌었는지에 대해 양쪽이 치열한 공방을 펼쳤습니
다. 피고 서희 측에서는 안융진 전투 이후 전쟁 및 협상 테이블의 주도
권은 고려 측에 있었고, 피고가 이를 잘 활용하여 더 이상의 희생 없이
협상을 승리로 이끌었다고 주장했습니다. 반면, 원고 소손녕 측에서는
안융진 전투 이후 거란군의 힘이 약해진 것은 사실이지만 원고의 탁
월한 전략으로 약점을 숨기고 장점을 더욱 키워 안융진 전투의 패배를
만회할 수 있었다고 주장했습니다.

아, 저기 김딴지 변호사와 이대로 변호사가 법정 문을 나서고 있네
요. 이번 재판에 대한 전반적인 소감을 물어보도록 하겠습니다.

김딴지 변호사

안녕하십니까! 이번 재판에 대해 스스로 평가해 보자면, 우리가 피고 측에게 조금 밀리는 감이 있었습니다만 할 얘기는 충분히 했다고 생각합니다. 원고 소손녕은 피고 서희와의 협상을 통해 고려와 송나라의 관계를 끊어 놓았고, 고려가 거란과 교류하게 하는 등 의미 있는 성과를 거두었습니다. 하지만 고려의 자긍심과 서희라는 인물의 리더십을 가볍게 볼 수는 없겠더군요. 물론 원고 소손녕과 거란의 명예는 회복될 것으로 생각하므로 소송을 제기한 목적을 어느 정도는 달성했다고 생각하지만, 전쟁의 원인과 고구려 계승 문제에 관해서는 우리가 조금 밀렸던 것 같습니다. 하지만 어려운 상황에서도 이 정도 성과를 거둘 수 있었던 건 제가 변호를 잘해서겠지요. 하하하.

이대로 변호사

　세 차례에 걸친 재판을 이끌어 오면서 반드시 승소하리라 생각했습니다만 저쪽도 만만치 않아 완전히 자신할 수는 없군요. 하지만 분명한 사실은, 피고 서희가 고려를 위기에서 구한 영웅이라는 점입니다. 서희는 논리적으로 상대편의 허점을 조목조목 짚어 내어 총성 없는 전쟁터라 불리는 외교의 장에서 피 한 방울 흘리지 않고 고려의 이득을 최대한으로 이끌어 내었지요. 거란의 속셈을 잘 파악하여 강동 6주를 얻어 영토를 확장하고, 고려를 골치 아프게 하던 여진을 몰아내는 기회로 삼았으니 후대에 칭송이 자자한 것은 당연한 일 아닙니까? 피고 서희가 보기 드문 공을 세운 위인이었음을 이번 재판을 통해 충분히 확인할 수 있었다고 봅니다. 감사합니다.

고려는 거란에 감사하고 사죄해야 한다
VS
협상은 우리가 베푼 은혜이다

판사 벌써 마지막으로 진술을 할 시간이 다가왔군요. '한국사법정 재판번호 15'에서는 거란의 소손녕과 고려의 서희가 원고와 피고로 나와 거란이 고려를 침략하고 외교 담판을 통해 고려가 강동 6주를 되찾은 사건을 다루어 보았습니다. 이제 판결을 내려야 할 시간이니 원고와 피고는 앞으로 나와 최후 진술을 해 주시기 바랍니다.

소손녕 판사님, 그리고 배심원 및 방청객 여러분! 나는 고려와 전쟁을 벌였던 주인공, 거란의 소손녕 장군이오. 때문에 적군의 장수인 내가 한국사법정에 서서 명예훼손 및 역사 왜곡 관련 소송을 한다는 것은 큰 모험일 것입니다. 그럼에도 불구하고 나, 소손녕이 이렇게 나설 수밖에 없었던 것은 그것이 개인의 문제가 아니라 우리 거란에까지도 영향이 미치는 문제라 여겼기 때문입니다.

나는 황제를 대신했던 대국의 장군이오. 그래서 나는 대국의 귀인답게 고려에 호의를 베풀고자 했소. 처음에 고려가 고구려를 계승했다며 나설 때에는 화가 났지만 일단은 수긍하는 척하며 실제 우리가 목적했던 바를 달성하려 했었소. 거란은 여진을 쫓아낸 뒤 압록강을 중심으로 동서 지역을 고려와 나눠서 지배했고, 고려가 송나라와 국교를 단절하고 거란에게 조공을 바치도록 만들었소. 또 그사이에 우리 군은 더 이상의 피해를 보지 않고 퇴각로를 확보해 무사히 귀환할 수 있었소. 3차 여요 전쟁 때 내 형님인 소배압 장군이 고려와의 귀주대첩에서 크게 패해 40만 대군 중 겨우 수천 명이 살아남은 점을 놓고 비교해 보면 나의 현명함이 이해되리라 믿소.

그럼에도 불구하고 고려와 고려인들, 나아가 그 후손들은 이러한 나의 업적을 제대로 평가해 주지 않더군요. 심지어 피고 서희는 나와의 협상에서 위대한 업적을 이룬 위인으로 추켜세우면서 나는 말 한마디 제대로 하지 못한 못난 인물이라 비난했소. 나는 이번 재판을 통해 나와 거란에 대한 정당한 평가가 내려지기를 기대하겠소.

서희 존경하는 판사님, 그리고 방청객과 배심원 여러분, 우리 태조께서는 하늘로부터 새로운 왕조의 적임자로 명을 받아 나라를 세웠고, 위대한 고구려 왕조의 계승을 내세웠습니다. 신라를 평화적으로 흡수하였고, 후백제 역시도 큰 희생 없이 합친 바 있습니다. 명실상부한 자주 통일을 이룩하였던 것입니다.

그런데 그때 거란의 야욕은 끝이 없었습니다. 거란의 장수 소손녕은 고려를 침범하면서 엉뚱한 트집을 잡았습니다. 고려가 아닌 자신

들이 고구려를 계승했다고 억지를 부렸지요. 또 소손녕은 자신들의
영토를 우리가 침범하고 있고, 우리 성종이 백성을 돌보지 않는다는
둥 있지도 않은 사실을 문제 삼았습니다. 그리고 전쟁을 일으켜 무
고한 인명을 희생시키기도 했습니다. 승자가 모든 것을 가지며, 역
사도 바꿀 수 있다고 생각한 것이지요.

우리 고려는 사실 거란군 앞뒤로 대대적인 공격을 감행하여 거란
에 큰 타격을 줄 수 있었습니다. 고려의 명장 강감찬 장군이 나섰던
제3차 여요 전쟁 때 거란군이 입은 피해를 보면 짐작할 수 있을 겁니

왜 서희는 외교 담판을 했을까?

다. 그러나 나는 일단 우리 고려가 아직 대규모 전쟁을 수행하기에는 이르다고 봤습니다. 군사 체제 정비나 송나라와의 긴밀한 협조, 여진 문제의 해결 등이 먼저 이루어져야 한다고 생각했지요. 그래서 일단은 그들이 원하는 바를 들어주는 척하면서 복수를 준비할 시간을 벌자 싶었습니다. 그런 이유로 협상 테이블을 제안한 것입니다.

이때 고구려를 계승한 것이 고려라는 사실만큼은 양보할 수 없었지요. 그건 정말 중요한 역사 의식과 정통성에 관련된 문제이니까요. 유구한 역사는 바로 여기에서 출발하는 것이기 때문입니다. 거란은 거란 멸망 후 세계사에서 사라져 버렸지 않습니까? 협상 테이블에 앉아서 나는 고려가 고구려를 계승했다는 것을 확실히 하고, 그와 함께 영토 문제나 국교 문제를 최대한 우리에게 유리하도록 결론을 이끌어 냈습니다. 그것을 고려와 고려의 후손들이 높이 평가를 한 것이지요. 다만 나의 이런 생각과 전략에 대해 과대평가가 이루어진 것 같아 좀 쑥스럽긴 합니다만, 그건 나의 책임이 아니라 봅니다. 현명하신 판사님과 배심원들의 공정한 판결을 기대하겠습니다. 이상입니다.

판사 네, 원고와 피고의 최후 진술 잘 들어 보았습니다. 배심원 여러분도 수고 많았습니다. 지금 이 법정에는 보이지 않는 배심원이 있습니다. 바로 이 재판을 지켜보는 모든 분, 이 재판을 책으로 읽고 있는 독자 여러분도 배심원입니다. 여러 의견을 종합해 올바른 최종 판결을 내리도록 하겠습니다.

땅, 땅, 땅!

역사공화국 한국사법정 재판 번호 15 소손녕 vs 서희

주문

역사공화국 한국사법정은 소손녕이 서희를 상대로 제기한 명예훼손 및 역사 왜곡에 의한 정신적 손해배상 청구를 기각한다.

판결 이유

세 번에 걸친 재판 결과, 피고 서희가 어떤 특정 목적을 달성하고 이익을 챙기기 위해 원고 소손녕의 명예를 훼손하지 않았다는 것은 충분히 증명되었다고 본다. 또한 피고 서희가 어떠한 역사 왜곡도 하지 않았다는 것도 사실이라고 판단된다. 재판 과정 중에 나온 증거와 증언, 변론을 종합해 보았을 때, 고려가 고구려의 역사를 계승했다는 사실도 인정되며, 서희가 거란과의 협상 과정에서 주도적 역할을 하였음도 인정된다.

한편, 고려 성종이 백성을 잘 돌보지 않아 거란이 전쟁을 시작했다는 것이나, 고려가 거란의 영토를 무단으로 침범하여 전쟁을 하게 되었다는 등의 원고 측 주장은 거란의 일방적인 판단에 의한 것으로 보인다.

다만 소손녕이 전쟁 과정에서 거란군이 위기에 처했을 때 주도적으로 협상 테이블을 마련하고 거란의 위상을 보여 주려 했다는 점도 사실로 인정된다. 따라서 소손녕은 거란을 위해 당시 전쟁과 협상 테이블에서 상당한 역할을 했다고 본다.

　비록 본 법정에서는 원고 소손녕의 청구를 기각하는 판결을 내렸으나, 자기 나라를 중심으로 역사를 해석하여 다른 나라의 역사를 배려하지 못하는 태도는 경계해야 한다고 본다. 외교와 전쟁은 국가의 운명을 좌우하는 수단이다. 그러한 까닭에 각자의 영역에서 국익을 최대화하기 위한 노력이 있었음을 평가해야 한다. 역사공화국 한국사법정에서는 시민들이 역사를 바라볼 때 일방적 입장이 아닌 열린 시각을 가지고 공정하면서도 객관적으로 판단하는 능력을 기르기 바라면서 판결을 마치고자 한다.

역사공화국 한국사법정 담당 판사 정역사

"경기도 이천에서
서희 추모제가 열린다고요?"

법정에서 돌아온 김딴지 변호사는 사무실로 돌아와 서류 가방을 내려놓고는 냉장고 문을 열었다.

벌컥벌컥.

시원하게 차가운 음료수를 들이켠 김딴지 변호사는 이내 숨을 크게 내쉬었다.

"아, 오늘은 반드시 이길 줄 알았는데 이대로에게 또 지다니! 원통하다, 원통해!"

김딴지 변호사는 열심히 준비했는데도 재판에서 이기지 못했던 것이 참을 수 없을 만큼 화가 났다.

"의뢰인인 소손녕이 조금만 더 나에게 협조했다면 충분히 이길 수 있었는데. 괜히 자기가 황실 출신이라고 거들먹거리기나 하고,

이번에 진 것은 순전히 의뢰인 탓이라니까.”

'딩동! 딩동! 딩동!'

한참 분한 마음을 삭이고 있던 그때, 경쾌한 벨 소리가 들려왔다.

“아무도 안 계시나요? 김딴지 변호사, 김딴지 변호사!”

'어라? 이대로 변호사 아냐? 오늘 재판에서 이긴 걸 자랑이라도 하려고 왔나? 그래, 나도 할 말이 많다고!'

“에그머니나!”

김딴지 변호사가 문을 열자 조금 전까지만 해도 서로 얼굴을 붉혔던 서희가 떡하니 서 있었다. 이대로 변호사와 서희가 김딴지 변호사 사무실로 들어왔다. 서희가 먼저 말문을 열었다.

“김딴지 변호사! 그동안 고생했습니다. 원래 거란 사람들이 오만한 면이 많아요. 그리고 자기 자랑도 잘하고요, 하하. 또 그만큼 뒤끝도 없는 사람들이죠. 그래서 나도 협상 후 7일 동안이나 거란 군영에 머무르면서 융숭하게 대접을 받았지요.”

“예, 그건 그렇더군요. 그런데 서희 공께서 어떻게 여기까지 오셨는지요?”

“내가 두 사람에게 좀 보여 줄 것이 있소이다. 우리 함께 지상 세계로 내려가 보는 건 어떻겠소?”

“지상 세계라고요?”

“사실 내일이 지상 세계의 날짜로 보면 10월 10일이 아닙니까? 내가 살던 한반도, 그중에서도 경기도 이천에서 나를 추모하는 추모제가 열린다고 하는군요. 이천이라면 내가 태어난 고향이지요. 어떻소? 이번 기회에 그동안 그립던 조국 땅을 구경하는 것도 멋지지 않겠소?"

조금 전까지만 해도 이대로 변호사와 서희라면 이를 갈던 김딴지 변호사는 여행이라는 말에 벌써부터 마음이 설레었다.

"좋습니다. 그럼 출발하실까요?"

세 사람은 구름을 뚫고 대한민국 경기도 이천에 바람처럼 사뿐히 내려앉았다. 거리를 지나가는 지상 세계의 사람들은 서희가 내려왔다는 사실도 모른 채 바쁘게 오갔다.

드디어 '서희 추모제' 행사장에 도착한 서희와 두 변호사는 몰라보게 바뀐 지상 세계를 둘러보며 혀를 내둘렀다.

"그런데 저건 바로 서희 공의 조각상이 아닙니까?"

김딴지 변호사가 호들갑을 떨며 조각상을 가리켰다.

"이렇게 영혼이 된 나를 지상 세계의 후손들이 기억해 주다니 참으로 감격스럽군요. 당시 내가 거란의 적장, 소손녕을 상대로 고려를 지켰던 것은 참으로 잘했던 일 같소. 그리고 내가 두 분 변호사님을 모시고 멋지게 재판에서 승리했던 것도 역사를 바로잡을 수 있었던 길이 된 듯해 뿌듯하군요."

흥겨운 음악 소리가 들려오는 가운데 자신의 조각상을 지켜보던 서희는 흐뭇한 미소를 띠었다. 역사의 진실을 밝히는 것이 때로는 힘들다고 생각하던 김딴지 변호사와 이대로 변호사도 지상 세계의 역사가 발전하는 것을 바라보며 서로 어깨를 토닥였다.

외교로 군대를 물리친 서희 장군의 묘

태조 25년인 942년에 태어났으며 과거에 급제하여 병관어사 등을 거쳐 태보·내사령의 최고직에 오른 인물이 바로 서희 장군입니다. 고려 초기의 외교가이며 문신이기도 했던 서희의 본관은 이천입니다. 거란이 고려를 침입했을 때 거란의 장수인 소손녕과 담판을 벌여 압록강 동쪽 280여 리, 곧 흥화진(의주), 용주(용천), 통주(선천), 철주(철산), 귀주(귀성), 곽주(곽산)를 포함하는 강동 6주를 얻은 인물로도 유명하

서희 장군 신도비

지요. 본관이 이천인 서희는 문무를 겸비하였을 뿐만 아니라 성품도 올곧았습니다. 그래서 임금에게도 입바른 소리를 자주 했던 것으로 전해지지요.

서희 장군은 오랜 기간 나라를 위해 일하다 996년에 병환으로 개국사라는 절에 머물게 됩니다. 그러자 당시 왕이었던 성종이 친히 행차하여 개국사에 곡식 1000석을 시주하는 등 서희에게 정성을 다할 정도

서희 장군 묘

서희 장군 묘의 무인석

로 왕의 총애를 받기도 하였습니다. 하지만 아쉽게도 2년 뒤인 998년 결국 서희 장군은 눈을 감게 되지요.

　이러한 서희 장군이 묻힌 곳이 바로 경기도 여주에 있습니다. 경기도 여주에 가면 1977년 경기도 기념물 제35호로 지정된 서희 장군의 묘를 만날 수 있지요. 봉분은 부인의 묘와 쌍분을 이루고 있으며 봉분 아래에 2단의 둘레석을 두른 형태입니다. 쌍분의 가운데에 묘비가 서 있고, 상석과 무덤 앞에 있는 돌로 만든 등인 장명등이 놓여 있으며, 좌우에는 문인을 상징하는 문인석과 무인을 상징하는 무인석이 각 1쌍씩 있습니다. 묘역은 전체적으로 3단으로 되어 있어 고려 시대의 특징을 잘 보여 주고 있습니다.

찾아가기　**주소** 경기도 여주군 산북면 후리 산53-1
　　　　　문의 경기도 여주군 문화재사업소 **전화번호** 031)887-3566

『역사공화국 한국사법정 15 왜 서희는 외교 담판을 했을까?』와 관련한 논술 문제를 풀어 봅시다.

※ 다음 제시문을 읽고 물음에 답하시오.

(가) # 거란족의 진영

소손녕 '감히 우리 군사들로 둘러싸인 진영을 겁 없이 찾아오다
　　　　니……. 겁을 줘서 혼을 내줘야겠군.'

소손녕 (서희가 진영 안으로 들어서는 것을 보고) "바닥에 엎드
　　　　려 절을 하시오!"

서희　 (당당하게) "나는 고려 왕이 보낸 사신이니 사신으로 대
　　　　우해 주시오."

소손녕 (당황하며) "아, 알겠소."

서희　 "왜 우리 고려를 쳐들어온 것이오?"

소손녕 "우리가 쳐들어온 이유가 궁금하오? 그야 당연히 우리
　　　　땅을 찾으려고 온 것이지. 고구려 땅은 우리 건데 신라
　　　　뒤를 이은 고려가 차지하고 있는 게 말이 되오?"

서희　 (힘차게) "뭐라고요? 말도 안 되는 소리요. 고구려에서
　　　　가운데 '구' 자를 빼면 뭐가 됩니까?"

소손녕 "그, 그야 고려."

서희 "그것 보시오. 나라 이름만 보더라도 우리가 고구려의
　　　후예라는 것을 알 수 있잖소."

(나) 태조 왕건이 918년 왕위에 오르자 왕건은 고구려를 계승한다
　　는 의미로 나라의 이름을 '고려'라고 지었습니다. 그리고 궁예가
　　옮겼던 수도를 다시 송악으로 되돌렸지요.

1. (가)와 (나)에서 알 수 있는 공통점이 무엇인지 생각하여 쓰시오.

※ 다음 제시문을 읽고 물음에 답하시오.

거란은 고려에 사신을 보내 친하게 지낼 것을 요구하였습니다. 하지만 태조 왕건은 이 요구를 거절하였습니다. 그러자 거란은 942년에 사신과 함께 낙타 50필을 고려로 보내옵니다. 하지만 거란의 사신은 유배시키고 선물로 온 낙타는 개경에 있는 만부교라는 다리에 매어 놓고 굶겨 죽입니다. 거란과 친하게 지낼 생각이 없음을 강경하게 표현한 것이지요. 이를 '만부교 사건'이라고 하며 이 일 이후로 고려와 거란의 외교는 단절되었습니다.

그러다 결국 고려 성종 때 거란족이 쳐들어오게 됩니다. 나름 거란의 침입에 대비했지만 국방 문제에 소홀해 있었기 때문에 거란과 싸울 준비가 되어 있지 않았던 것이지요. 이에 고려 조정의 신하들 대부분이 거란이 원하는 서경 이북의 땅을 떼어 주고 돌려보내자고 주장합니다.

2. 서희가 담판을 짓지 않고 윗글의 밑줄 친 고려 조정의 신하들 대부분의 주장을 따랐다면 역사는 어떻게 바뀌었을지 생각하여 쓰시오.

해답 1 (가)는 서희와 소손녕의 담판에 대한 내용입니다. 당시 고려 성종 때 거란족이 쳐들어와 서경 이북의 땅을 요구하였습니다. 하지만 서희는 거란의 침략 의도가 고려와 송나라의 관계를 끊는 데 있다는 것을 눈치 채고 거란족의 장군 소손녕을 만났지요. 그리고 땅을 내놓으라는 거란의 장군 말에 고려는 고구려를 계승한 나라라는 사실을 밝히지요. 그리고 (나)는 고려를 건국한 왕건이 고려의 이름을 왜 고려라고 지었는지에 대해 알 수 있는 내용입니다. 이처럼 (가)와 (나)에서 공통적으로 알 수 있는 것은 고려가 고구려의 정신을 계승하고 있는 나라라는 점입니다.

해답 2 나라 간의 국제 정세는 매우 복잡한 일입니다. 자신의 나라의 안전과 부강을 위해서 어제의 적이었던 나라와 오늘은 손을 잡기도 하기 때문이지요. 특히 고려 시대에는 중국 대륙에 많은 변화가 있었습니다. 북방 유목 민족이 매우 강성하게 성장을 하였기 때문입니다. 이럴 때에 지금 당장의 위험을 피하고자 상황을 제대로 알아보지도 않고 자신의 나라의 땅을 떼어 주었다면 아마 거란은 물론 여진까지도 고려를 우습게 여겨 크고 작은 전쟁을 피할 수 없었을 것입니다. 고려는 서희의 결정이 아니었다면 아마 실제 겪었던 전쟁보다 더 많은 전쟁을 겪어야 했을 것입니다.

* 해답은 예시로 제시된 내용입니다.

왜 서희는 외교 담판을 했을까?

왜 서희는 외교 담판을 했을까?

역사공화국 한국사법정 15

왜 서희는 외교 담판을 했을까?

© 한정수, 2010

초   판 1쇄 발행 2010년 11월 19일
개정판 1쇄 발행 2013년 1월 21일
      7쇄 발행 2022년 12월 1일

지은이   한정수
그린이   이주한
펴낸이   정은영

펴낸곳   (주)자음과모음
출판등록   2001년 11월 28일 제2001-000259호
주소   10881 경기도 파주시 회동길 325-20
전화   편집부 (02) 324-2347 경영지원부 (02) 325-6047
팩스   편집부 (02) 324-2348 경영지원부 (02) 2648-1311
이메일   jamoteen@jamobook.com

ISBN 978-89-544-2315-1 (44910)

철학자가 들려주는 철학 이야기 (전 100권)

아이들의 눈높이에 맞춘 철학 동화!
책 읽는 재미와 철학 공부를 자연스럽게 연결한 놀라운 구성!

대부분의 독자들이 어렵게 느끼는 철학을 동화 형식을 이용해 읽기 쉽게 접근한 책이다. 우리의 삶과 세상, 인간관계에 대해 어려서부터 진지하게 느끼고 고민할 수 있도록, 해당 철학 사조와 철학자들의 사상을 최대한 풀어 썼다.

이 시리즈의 가장 큰 장점은 내용과 형식의 조화로, 아이들이 흔히 겪을 수 있는 일상사를 철학 이론으로 해석하고 재미있는 이야기로 담은 것이다. 또한 아이들의 눈높이에 맞는 쉽고 명쾌한 해설인 '철학 돋보기'를 덧붙였으며, 각 권마다 줄거리나 철학자의 사상을 상징적으로 표현한 삽화로 읽는 재미를 더한다. 철학 동화를 이끌어가는 주인공을 형상화하고 내용의 포인트를 상징적으로 표현한 삽화는 아이들의 눈을 즐겁게 만들어준다. 무엇보다 이 시리즈는 철학이 우리 생활 한가운데 들어와 있고, 일상이 곧 철학이라는 사실을 잘 보여준다. 무엇보다 자기 자신을 극복한다는 것, 인간을 사랑한다는 것, 진정한 인간이 된다는 것, 현실과 자기 자신을 긍정한다는 것 등의 의미를 아이들의 시선에서 풀어내고 있다.

과학자가 들려주는 과학 이야기 (전 130권)

위대한 과학자들이 한국에 착륙했다!
어려운 이론이 쏙쏙 이해되는 신기한 과학수업,
〈과학자가 들려주는 과학 이야기〉 개정판과 신간 출시!

〈과학자가 들려주는 과학 이야기〉 시리즈는 어렵게만 느껴졌던 위대한 과학 이론을 최고의 과학자를 통해 쉽게 배울 수 있도록 했다. 또한 지적 호기심을 자극하는 흥미로운 실험과 이를 설명하는 이론들을 초등학교, 중학교 학생들의 눈높이에 맞춰 알기 쉽게 설명한 과학 이야기책이다.
특히 추가로 구성한 101~130권에는 청소년들이 좋아하는 동물 행동, 공룡, 식물, 인체 이야기와 최신 이론인 나노 기술, 뇌 과학 이야기 등을 넣어 교육 과정에서 배우고 있는 과학 분야뿐 아니라 최근의 과학 이론에 이르기까지 두루 배울 수 있도록 구성되어 있다.

★ 개정신판 이런 점이 달라졌다! ★

첫째, 기존의 책을 다시 한 번 재정리하여 독자들이 더 쉽게 이해할 수 있게 만들었다.
둘째, 각 수업마다 '만화로 본문 보기'를 두어 각 수업에서 배운 내용을 한 번 더 쉽게 정리하였다.
셋째, 꼭 알아야 할 어려운 용어는 '과학자의 비밀노트'에서 보충 설명하여 독자들의 이해를 도왔다.
넷째, '과학자 소개·과학 연대표·체크, 핵심과학·이슈, 현대 과학·찾아보기'로 구성된 부록을 제공하여 본문 주제와 관련한 다양한 지식을 습득할 수 있도록 하였다.
다섯째, 더욱 세련된 디자인과 일러스트로 독자들이 읽기 편하도록 만들었다.

과학공화국 법정시리즈 (전 50권)

생활 속에서 배우는 기상천외한 수학·과학 교과서!
수학과 과학을 법정에 세워 '원리'를 밝혀낸다!

이 책은 과학공화국에서 일어나는 사건들과 사건을 다루는 법정 공판을 통해 청소년들에게 과학의 재미에 흠뻑 빠져들게 할 수 있는 기회를 제공한다. 우리 생활 속에서 일어날 만한 우스꽝스럽고도 호기심을 자극하는 사건들을 통하여 청소년들이 자연스럽게 과학의 원리를 깨달으면서 동시에 학습에 대한 흥미를 가질 수 있도록 구성하였다.